화점 포석

1. 양화점에서 기본과 능률

KB199223

화점 포석 1. 양화점에서 기본과 능률

초판 1쇄 발행   2025년 5월 25일

지은이   이하림
발행인   조상현
마케팅   조정빈
발행처   더디퍼런스

등록번호   제2018-000177호
주소   경기도 고양시 덕양구 큰골길 33–170
문의   02-712-7927
팩스   02-6974-1237
이메일   thedibooks@naver.com
홈페이지   www.thedifference.co.kr

독자여러분의 소중한 원고를 기다리고 있습니다. 많은 투고 부탁드립니다.

ISBN 979-11-6125-541-5 13690

매 일 트 이 는
AI 바둑 핸드북

화점 포석

─── 1. 양화점에서 기본과 능률 ───

이하림 지음

더디퍼런스

●

들어가는 말

●

"바둑의 신이 있다면 인간의 최고수와 몇 점이면 적당할까?" 오래 전부터 이런 궁금증이 있었습니다. 그동안 인간은 두점 접바둑이면 이긴다고 자신감에 넘치기도 했지만 막상 신급 존재인 인공지능(AI)이 등장하자 넉 점에도 목숨을 걸기 어려운 시대가 되었습니다. AI등장 초기에는 그래도 해볼만하다는 생각이 있었는데 AI가 진화에 진화를 거듭하면서 지금은 바둑의 적수가 아닌 스승으로 받아들이기에 이르렀습니다.

AI시대에는 생각지도 못했던 기술이 창궐합니다. AI가 보여주는 바둑의 세계는 정말 신비롭지요. 상식을 벗어난 수가 신기하게도 힘을 발휘하는 등 상황에 따라 변신하는 둔갑술의 천재입니다. 인간은 보이는 힘만 믿지만 AI는 보이지 않는 힘으로 세밀하게 분석하고 종합적 판단을 내립니다.

특히 바둑의 초반은 감성과 감각이 지배하는 시공간이며 단순 인공지능의 계산으로는 인간지능을 넘을 수 없는 금기의 영역이었는데, 더욱 강력해진 인공지능은 이런 고정관념을 보기 좋게 깨뜨리며 인간의 감성을 압도했습니다. 미지의 세계인 초반에도 신출귀몰한 AI는 거침없이 계산을 하며 이에 따라 정석과 포석에서도 혁명이 일어났습니다.

그동안 인공지능이 차가운 이성으로 인간 바둑의 세계를 파헤쳐왔다면 이제는 인공지능 바둑의 심오한 세계를 인간의 따뜻한 감성으로 분석할

4

차례입니다. 이 책의 기획 배경은 이처럼 달라진 바둑 수법을 AI의 새로운 시각으로 보여주려는 데 있습니다.

정석 분야에서는 주로 사용하는 화점과 소목이 대상인데, 화점 정석은 핸드북 네 권, 소목 정석은 두 권의 시리즈로 완결했습니다.

이번에는 포석 분야로 실전에서 정석이 적용되며 전체 국면의 골격에 해당합니다. 우선 화점 포석이 과제인데, 그중에서 '화점 포석 1'은 양화점에 대해, '화점 포석 2'는 양화점에 대응하는 소목과 삼연성에 대해 다룹니다.

본문은 유형별로 이어지며, 보충 학습을 위해 필요에 따라 유형 말미에 '원포인트 레슨'을 넣었습니다. 전반적으로 낮은 단계에서 높은 단계까지 두루 독자의 수준에 맞춰 AI시대를 관통하는 포석의 길잡이로 삼을 수 있도록 체계적이고 실전적이며 흥미롭게 꾸미고자 노력했습니다.

바둑의 신을 상상했던 세계가 현실이 되었습니다. 우리가 AI로부터 배울 점은 종합적 관점에 의한 대세적 안목과 열린 사고에 의한 창의적 발상입니다. 이 책에는 AI로부터 전수받은 다양한 포석과 변화들이 등장하지만 사실 AI는 포석이란 무엇인지도 모릅니다. 어차피 AI는 말이 없습니다. 오직 계산하고 판에다 실천할 뿐입니다. 포석도 인간의 언어인 만큼 어떻게 활용할지는 전국을 바라보는 여러분의 안목에 달렸겠지요.

더불어 AI시대에 바둑을 즐기면서 실력을 늘리는 비결은 모양에 구애받지 않는 자유자재한 인공지능의 냉정한 계산에 모양을 중시하는 인간의 예술적 열정으로 생명을 불어넣는 조화로운 공존 아닐까요.

 차례

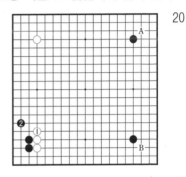
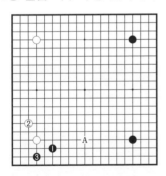
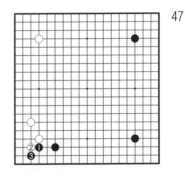

5형 안쪽 걸침에서 두터운 전략

60

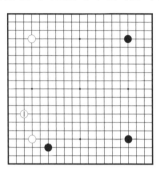

6형 눈목자받음에서 진화된 수법

71

2부 ☞ 양화점에서 능률 포석

7형 걸치고 침입 – 내 강한 쪽의 막음

82

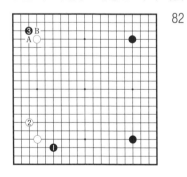

8형 걸치고 침입 – 상대 강한 쪽의 막음(기본)

90

9형 걸치고 침입 – 상대 강한 쪽의 막음(심화)

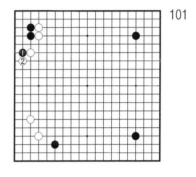

101

10형 걸침에 손빼고 3三침입

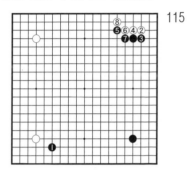

115

11형 양쪽 걸치고 나서 한쪽 굳힘

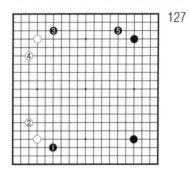

127

12형 양쪽 걸침에 한쪽 손빼고 침입

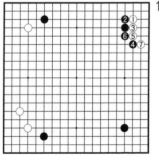

141

1부

양화점에서 기본 포석

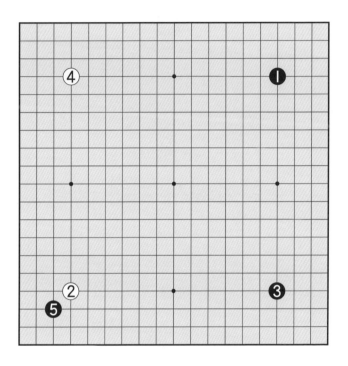

　　흑1과 3이 모두 화점이면 보통 '양화점 포석'이라 한
다. 백2, 4도 양화점인데 AI시대에는 화점 포석이 주류
이다.

　　특히 화점에서 흑5의 이른 3三침입은 AI의 전매특허
인데 화점 포석의 첫 단추는 여기서부터 출발한다.

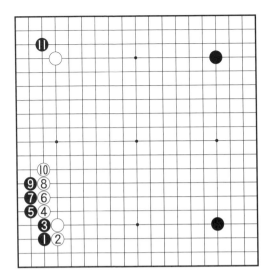

1도(흑, 실리로 충분)

흑1에 침입한 후 백이 10까지 두텁게 두면 흑 11로 재차 침입한다.

　AI시대 이전이었다면 이런 진행은 흑의 소탐대실로 단정했을 테지만 이제는 흑도 충분하다고 본다.

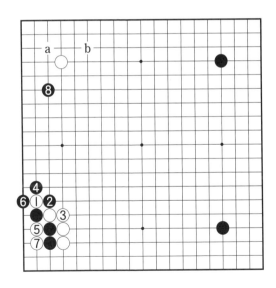

2도(이단젖힘 정석)

앞 그림 흑5 때 백1의 이단젖힘이면 이하 7까지 정석이다. 다음 흑8로 걸치면 무난한데, 서로 대등한 형세라는 것이 AI의 견해이다.

　흑8은 a의 침입이나 b쪽 걸침도 거의 같은 가치이다.

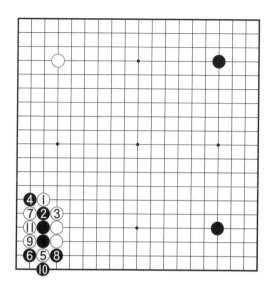

3도(상용 날일자 늦춤)

1도 흑3 때 백1의 날일자 늦춤이 많이 두는 수단이다. 흑2, 4에 여기를 백이 계속 둔다면 5 이하 11까지 보편적인 정석 수순이다.

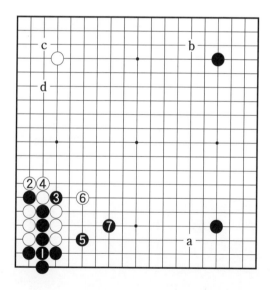

4도(부분 정석)

이다음 흑1로 잇고 나서 7까지 되면 정석이 일단락된다.

보통 실전에서는 처음부터 부분 정석에 치중하지는 않는데, 흑이 7로 a나 b의 굳힘, c의 침입, d의 걸침 등 공간을 선제적으로 활용할 수 있다.

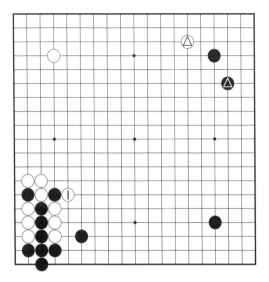

5도(백, 두터움)

앞 그림 흑5 때로 돌아가서, 우상귀에서 미리 백△와 흑▲가 교환되어 있다면 백은 1로 한 점을 축으로 잡아 두텁게 둘 수 있다.

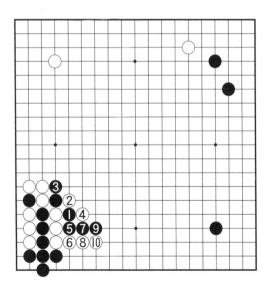

6도(흑, 위험)

이럴 때는 4도 흑5 대신 1의 젖힘이 유효하다. 그렇다고 백2, 4에 흑5로 나가면 백6 이하 10으로 밀어가서 귀의 흑이 위험하다.

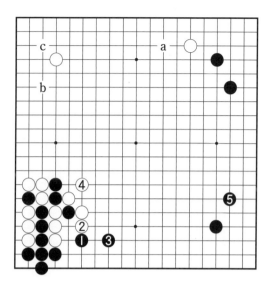

7도(효율적 지킴)

앞 그림 백4 때 하변 흑
1로 나가고 백2에 흑3
의 한칸이 효율적 지킴
이다. 백4에 흑은 좌변
을 직접 움직이기보다
5의 굳힘이나 a~c 등
과 같은 큰 자리를 선
점하는 것이 무난하다.

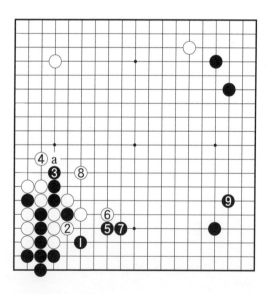

8도(가능한 변화)

흑1에 백2로 잡으면 흑
3에 나가 8까지 된 다
음 흑은 a로 싸우기보
다 9의 굳힘으로 전환
하는 것이 무난하다.

　AI의 가능한 변화인
데 앞 그림과 비슷한 맥
락이다.

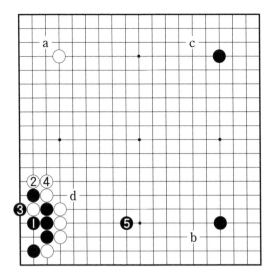

9도(간명한 변화)

3도 백7 때 흑1로 잡으면 간명한데 백도 2, 4로 봉쇄하면 실리와 두터움의 대결이다.

　다음 흑은 a의 침입, b나 c의 굳힘 등이 대표적 큰 자리인데, AI는 흑5의 다가섬도 d의 활용과 연계해서 능동적이라 본다.

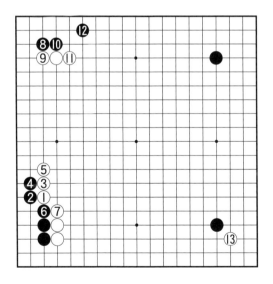

10도(싸움 유도 붙임)

거슬러 올라가 백1에 흑2의 붙임은 싸움을 유도하는 치열한 수단이다.

　백3, 5로 물러서면 간명한데, 대신 흑8로 재차 침입해서 발 빠르며 이하 13까지 보편적인 변화이다.

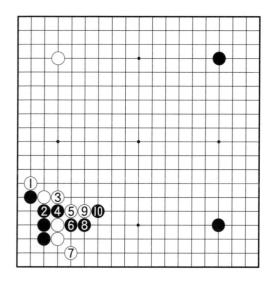

11도(기세의 젖힘)

앞 그림 흑2 때 기세로
두자면 백1의 젖힘인데
흑2 이하 6으로 끊어
싸움을 피할 수 없다.
이하 10까지는 기억해
둘 정석 수순이다.

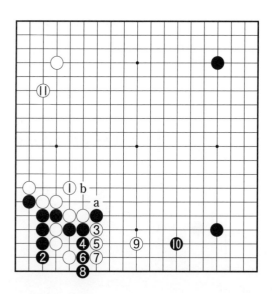

12도(무난한 타협)

이다음 백1로 호구치면
간명하며 9까지 무난한
타협이다. 흑10과 백11
로 큰 자리를 두면 AI
는 백이 약간 두터운 정
도로 판단하지만 미세
한 관점이므로 이제부
터의 바둑이다. 중앙은
흑도 a, 백b로 준동하
며 싸울 수 있다.

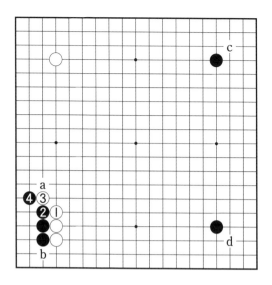

13도(무난한 수순)

1도 흑3 때 백1은 변화를 제한하려는 의도로 많이 두며 4까지 되면 무난한 수순이다. 다음 백이 a로 늘면 약간 느슨하고 b로 젖히면 3도로 환원된다.

AI라면 당장 백이 여기를 두지 말고 c나 d의 침입을 권할 것이다.

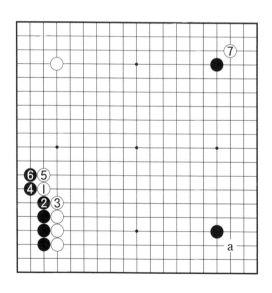

14도(늦추는 수단)

앞 그림 흑2 때 백1로 늦추는 수단도 있다.

흑2, 4에 백5로 하나만 늘고 흑6에 손을 돌려 7(또는 a)로 침입하면 백도 충분하다는 것이 AI의 견해이다.

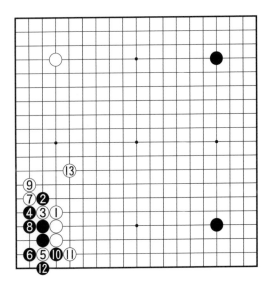

15도(흑이 당한 결과)

백1에 흑2의 뜀은 지금처럼 축이 유리할 때 사용이 가능하다.

백3, 5는 약점을 공략하는 하나의 방안인데, 흑6으로 손 따라 받으면 백7로 끊은 후 13까지 필연이며 흑이 당한 결과이다.

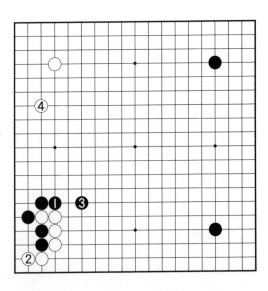

16도(대응법)

앞 그림 백5 때 흑도 변에서 1로 밀어올리고 백2에 흑3의 뜀이 대응법이다.

다음 백4로 굳히며 좌변을 견제하면 거의 대등한 진행이다.

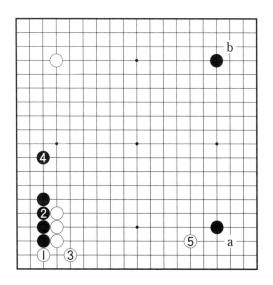

17도(간명한 정리)

15도 흑2 때 서로 간명하게 정리하자면 백1로 젖히고 4까지의 변화를 생각할 수 있다.

다음 백5로 걸치면 무난하며 5 대신 a나 b의 침입도 AI시대에 걸맞는 선택이다.

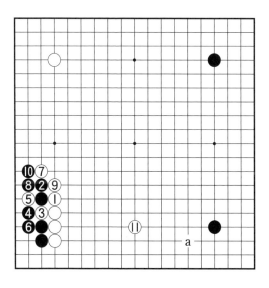

18도(백, 두터운 정리)

백이 두텁게 정리하자면 1로 밀고 3, 5로 끊는 정석도 생각할 수 있다. 이하 10까지 일단락되며 백11의 벌림이면 무난하다.

백11 대신 a의 걸침이나 우상귀 또는 우하귀 3三에 침입하는 것도 큰 자리이다.

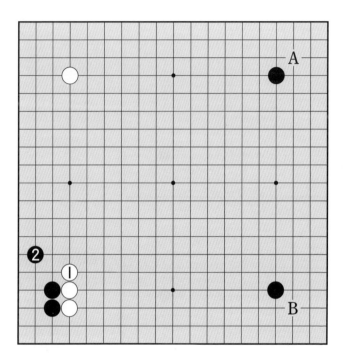

　　이른 3三침입에서 백1로 늘고 흑2의 날일자로 받으면 간명하게 일단락된다.

　　다음 백이 A나 B로 침입하는 것이 AI시대에 전체를 구상하는 입체적 전략인데, 이후의 포석 변화에 대해 알아본다.

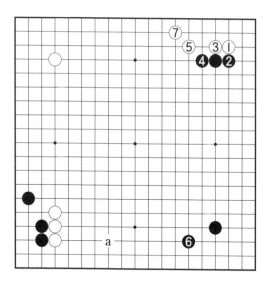

1도(뛴 후 마늘모지킴)

이 구도에서 우상귀 백 1의 침입이 주로 사용되며 흑2, 4에 백5의 뜀도 축이 유리하므로 가능한 선택이다.

여기서 흑이 손을 빼고 6의 굳힘이나 a로 다가설 때도 백7의 마늘모 지킴은 좋은 자리로 기억해둔다.

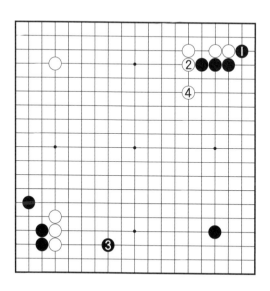

2도(기세의 대결)

앞 그림 백5 때 흑1로 귀의 젖힘도 엷음을 추궁하는 하나의 방안이며 백2로 밀어 올리는 것이 보편적 대응이다.

흑3에 다가서고 백4로 뛴 것은 AI가 제시하는 기세의 대결이다.

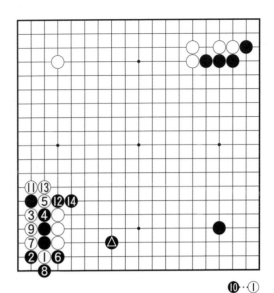

⑩‥①

3도(상용 타개수단)

앞 그림 흑3 때 좌하 백이 먼저 타개하자면 1로 젖힌 후 3의 건너붙임이 상용 수단이다.

흑4, 6에 백이 많이 알려진 정석 수순대로 7 이하 13까지 두면 흑은 ▲가 대기한 만큼 14로 늘어 주도적인 싸움을 전개할 수 있다.

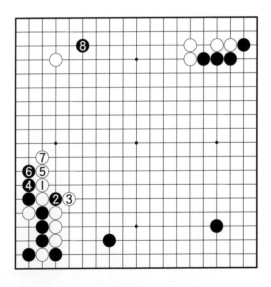

4도(발 빠른 실리작전)

이런 경우에는(앞 그림 흑6 때) 백1로 물러서는 것도 무난하다.

흑도 2의 끊음은 축이 불리하지만 한점을 사석으로 4, 6을 선수하기 위함이며 8로 걸쳐서 발 빠른 실리로 국면을 주도해간다.

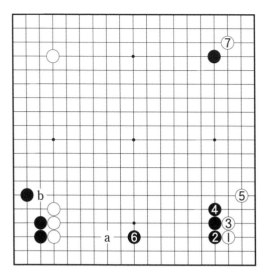

5도(흑, 느슨한 벌림)

이번에는 우하귀 백1로 침입했을 때의 변화인데, 5까지 간명한 정석 수순이다. 이때 '좌우동형은 중앙이 급소'라는 격언대로 흑6에 벌리면 약간 느슨하다. 백은 a와 b 등 근거와 타개에 여유가 있는 만큼 7로 전환하며 앞서간다.

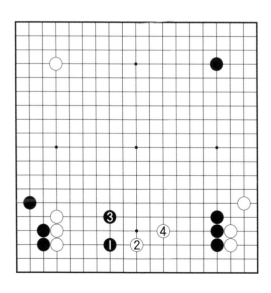

6도(치열한 구상)

하변이 좌우동형이라도 흑1로 넓게 다가서는 것이 능동적 운영이다.

백도 공간이 넓은 만큼 2, 4로 침입해서 싸우는 것이 AI가 알려주는 치열한 구상이다.

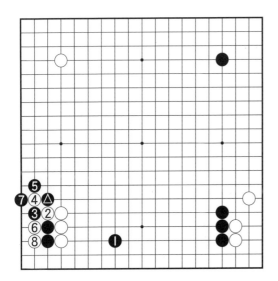

7도(가치 상실)

이 배석에서 좌하귀가 흑▲의 뜀으로 된 경우라면 흑1의 다가섬은 가치가 떨어진다.

백2, 4로 끊으면 8까지 부분적으로 정석인데, 흑1이 단단한 백진에 다가선 모양이라 바람직하지 않다.

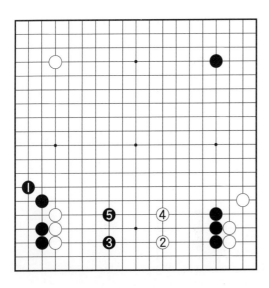

8도(백, 불안한 싸움)

이런 구도에서는 흑1의 마늘모 지킴이 우선이다. 이에 따라 좌하귀 백도 약해져서 2의 다가섬은 효력이 약하다.

흑이 하변에 침입해서 서로 동등하게 5까지 되더라도 우하귀 흑은 탄력이 있는 만큼 백이 불안한 싸움이다.

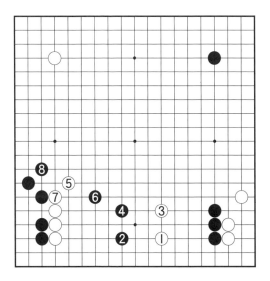

9도(백, 부담스런 진행)

백1에 흑2로 침입한 후 8까지는 실전에 등장했던 변화인데 한눈에 봐도 백이 쫓기는 흐름이다. 역시 AI도 백이 부담스런 진행으로 본다.

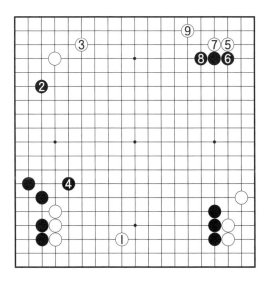

10도(백, 적당한 벌림)

하변 백은 1의 벌림이 적당한 간격이다.

흑이 2, 4 다음 하변을 노리더라도 백5 이하 9까지 큰 자리로 전환하며 버티면 백이 약간 활발한 형세이다.

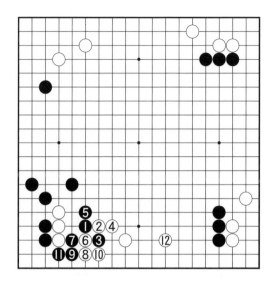

11도(석점 버리고 둔다)

이다음 흑1의 침입이
강력하지만 백은 2로
붙이고 흑3, 5에 백6으
로 끊은 후 12까지 석
점을 버리고 하변을 주
도적으로 경영하면 충
분하다.

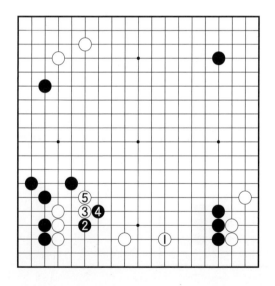

12도(맞서 싸우는 방안)

10도 흑4 때 백1로 하
변부터 운영하면서 흑2
로 침입할 때 백3, 5로
맞서 싸우는 것도 효과
적 방안이다.

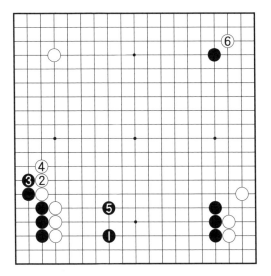

13도(무난한 변화)

좌하귀 정석 모양이 달라졌다.

이런 경우라도 흑1로 다가서는 것이 가능하다. 백도 무난하게 두자면 2, 4로 늘어가며 차후 하변 침입을 노린다. 다음 흑5의 뜀과 백6의 침입은 AI가 제시하는 큰 자리이다.

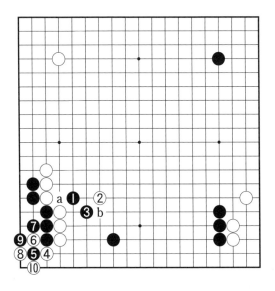

14도(귀의 응수타진)

앞 그림 백4 때 흑1의 활용은 시기가 중요. 백은 a로 잇지 않고 2와 3의 교환으로 맛을 남긴 후 귀쪽 4, 6의 끊음이 세심한 응수타진이다. 흑7이면 백8, 10의 패가 발생하며 흑이 선패이지만 b쪽 팻감에 대처하기가 까다롭다.

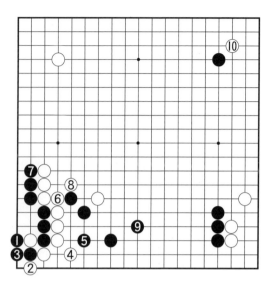

15도(무난한 국면)

앞 그림 백6 때 흑1쪽에서 단수치는 것이 일단 분란은 없다. 백2, 4로 모양을 잡으면 흑5의 선수 다음 7은 선수를 당하지 않기 위한 절대수이다. 백8과 흑9로 모양을 정리한 후 백10으로 전환하면 서로 무난한 국면이다.

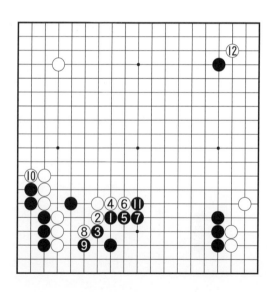

16도(하변 키우는 방안)

14도 백2 때 흑1의 뜀은 하변을 키우는 방안이며, 이하 9까지 AI가 제시하는 무난한 변화이다.

백10과 흑11은 서로 모양의 요소이며 백12로 전환하면 AI 안목에서 백도 충분하다.

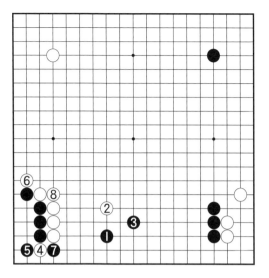

17도(백의 일책)

흑1에 백2로 모자 씌워 하변 모양을 제한한 다음 4, 6으로 양쪽을 젖혀 정리하는 방법도 일책이다.

이때 흑7로 잡고 백8로 이으면 간명하지만 백이 두터워서 흑이 약간 불만이다.

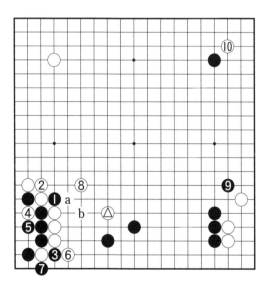

18도(능동적 끊음)

흑도 능동적으로 두자면 1로 끊고 3으로 잡는다. 백도 4, 6을 선수하고 8로 씌우면 한점을 잡을 수 있다. 이때 흑a는 백b로 두점이 갇혀 잡히는데 ◬의 활용 덕분이다. 다음 흑9의 씌움과 백10의 침입이면 형세는 호각이다.

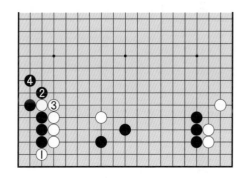

▦ 장면

이 장면(본형 17도 참조)에서 백1로 젖힐 때 흑2, 4로 변에 진출하면 백이 어떻게 대응할지 생각해보고 형세도 판단해보자.

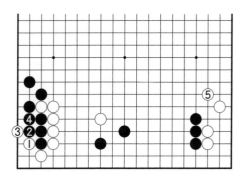

1도(차분한 대응)

우선 귀에서 백1, 3은 선수 활용이므로 결정해둔다.

다음 백이 무난하게 두자면 5의 마늘모 행마가 차분한 대응이며 형세는 약간이라도 백이 편하다.

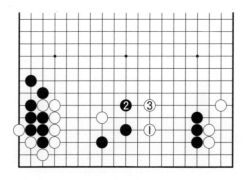

2도(치열한 대응)

앞 그림 흑4 때 백이 강하게 두자면 1로 침투하는 것이 치열한 대응이다.

서로 흑2와 백3으로 뛰면 백이 약간이라도 활발한 싸움이다.

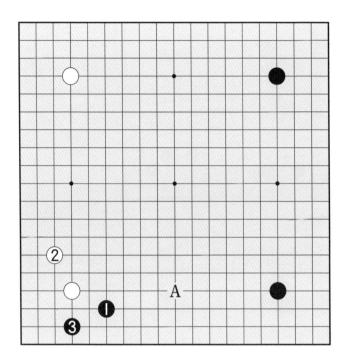

양화점 포석에서 흑1의 걸침에 백2의 받음 다음, 흑3의 날일자달림이 그동안 각광받았는데 AI의 영향으로 약간 느슨한 행마로 가치가 절하되었다. 그 이유로 백이 국면을 주도하는 대응법이 많기 때문이다.

더불어 흑3 대신 A의 벌림도 구형인데, 이후 핵심 변화에 대해서도 알아본다.

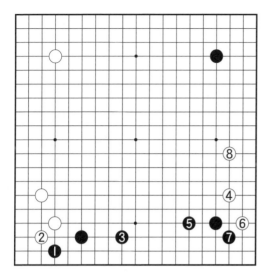

1도(과거의 흐름)

흑1에 백2로 받은 후 8
까지는 과거에 유행했
던 대표적 포석 흐름이
다. AI도 이렇게만 둔
다면 서로 균형이 잡혀
있다고 본다.

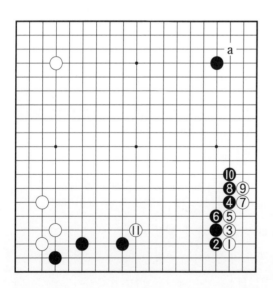

2도(AI시대 감각)

우선 앞 그림 흑3 때 백
1의 침입이면 AI시대
의 감각이다. 흑2로 막
은 후 10까지 두텁게 두
더라도 백11로 삭감하
는 정도로 충분하다.

AI라면 백11로 a에
침입해서 더욱 실속부
터 차리며 국면을 주도
할 것이다.

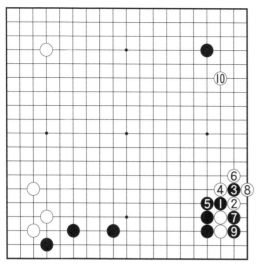

3도(백, 우변 주도)

앞 그림 백3 때 흑1, 3
의 이단젖힘 이하 9까
지 귀를 차지하면 백은
10으로 걸쳐 우변을 주
도한다.

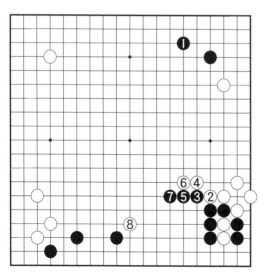

4도(정리하며 삭감)

이다음 흑1로 받으면
백2 이하 6까지 우변을
정리하면서 8로 삭감하
는 자리가 제격이다.

2도와 4도 모두 흑이
하변을 순조롭게 키울
수 없다.

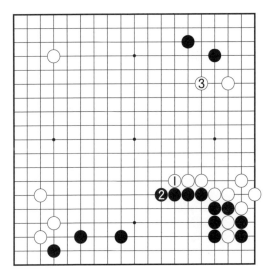

5도(백, 활발)

앞 그림 흑7 때 AI 관점은 백1로 하나 더 밀어 하변에 흑집을 허용해도 3으로 우변을 키우면 백이 활발한 국면이라 본다.

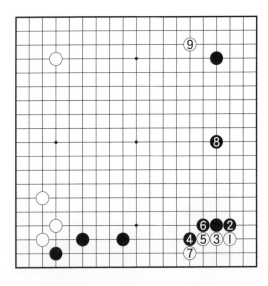

6도(세력 효율성 반감)

백1에 흑2쪽에서 막은 후 8까지 먼저 우변을 키우려 해도 낮은 자세인 하변과의 연계에서 세력의 효율성이 반감된다.

반면에 백은 귀에서 실속을 차리며 9로 걸치기만 해도 편한 국면이다.

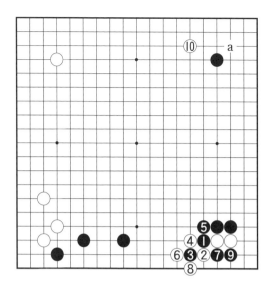

7도(비교적 무난)

앞 그림 백3 때 흑도 1
이하 9까지 귀를 차지
하며 진영을 나누는 정
석이면, AI의 관점에서
비교적 무난한 타협이
다. 다음 백은 10의 걸
침이나 a의 침입으로
국면을 주도한다.

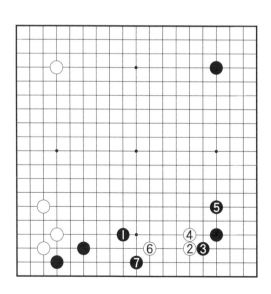

8도(높은 벌림의 효율)

거슬러 올라가, 1도 백2
때 흑1로 높인 것은 하
변을 효율적으로 운영
하기 위함이다. 이때 백
2의 걸침이면 흑3, 5로
받고 백6에 흑7로 공격
해서 흑도 국면을 주도
할 수 있다.

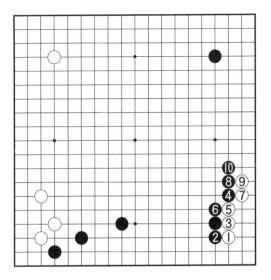

9도(유효한 침입)

이런 하변 배치에서도 백1의 3三침입은 유효하다.

흑2에 막은 후 10까지 되면 하변이 웅장한데 더욱 커지기 전에 백의 대응법은 무엇일까. 삭감과 침입 중의 선택이 앞길을 가른다.

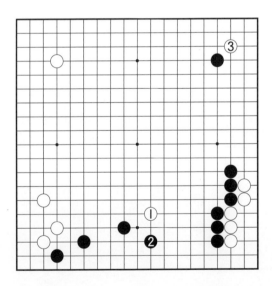

10도(목적 달성)

삭감을 선택한다면 백1이 적당한 자리인데 흑2로 받아주면 백3에 전환해도 목적 달성이다.

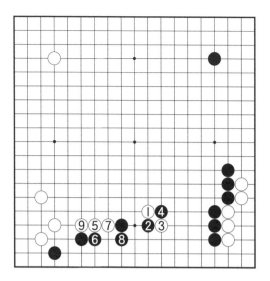

11도(치열한 강수)

백1에는 흑2, 4의 끊음
이 치열한 강수인데, 주
변 흑이 두텁기 때문에
백도 타개하려면 난관
을 극복해야 한다.

AI 관점에서는 백이
5 이하 9까지 하변을 가
볍게 활용하면서 실리
로 앞서가는 것이 무난
하다고 본다.

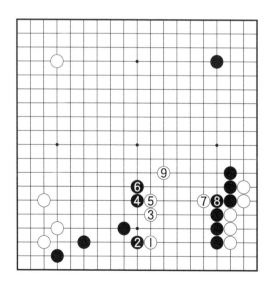

12도(과감한 침입)

차라리 이런 데는 백1
로 침입하는 과감한 결
단도 필요하다. 흑2로
막으면 백3 이하 9까지
중앙으로 타개하는 흐
름이 좋다.

물론 이 과정에서 흑
의 강수도 있겠지만, 이
런 장면에서는 공격보
다 타개가 수월하다.

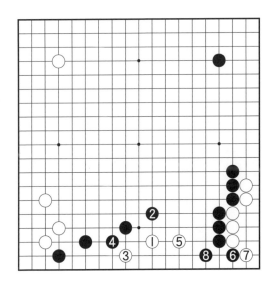

13도(아쉬운 타개법)

백1에는 흑도 2의 씌움이 두터움을 활용하기 위한 강수이다.

이때 백3, 5로 안정하려는 것은 흑6, 8로 귀와 연루되어 아쉬운 타개법이다.

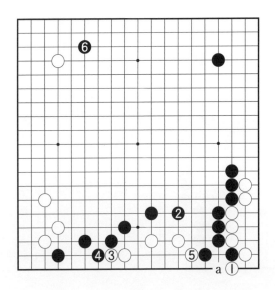

14도(귀의 패맛)

이다음 백1로 귀의 지킴이 보통인데 흑도 2로 포위하며 두터워졌다. 백3, 5로 지킬 때 흑이 a의 패맛을 남기며 6으로 전환하면 서로 어렵지만 국면은 흑이 주도한다.

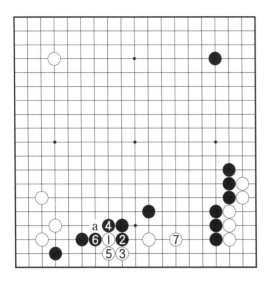

15도(효율적 공간활용)

13도 흑2 때 백1로 들어가서 공간을 넓게 이용하는 것이 효율적 방안이다. 이하 7까지 서로 타협안인데 13도와 비교하면 백이 숨통이 트였다. 흑이 a의 약점도 생겨 맘껏 공격할 수 없는 만큼 백이 약간 편한 진행이다.

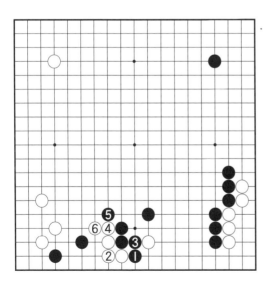

16도(백 주도의 싸움)

앞 그림 백3 때 흑1, 3으로 차단하면 백4, 6으로 나가 귀가 위험하다. 흑이 귀를 내주면 불리하므로 나가 싸우겠지만, 서로 어려워도 국면은 백이 주도한다.

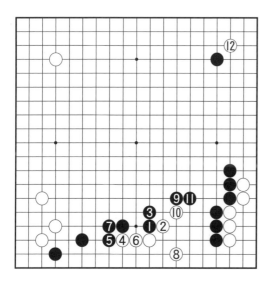

17도(두터운 공격)

되돌아가서 흑1의 붙임
도 두터운 공격이다.

이하 11까지 백이 안
에서 살고 나서 12로 전
환했지만 중앙 흑이 두
터워졌고 우하귀와 연
계해서 하변 백을 공격
하는 뒷맛도 남아 형세
는 거의 팽팽하다.

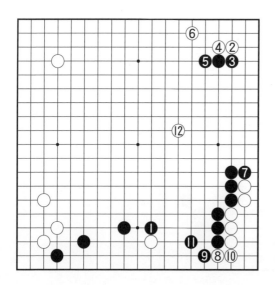

18도(대국적 발상)

흑1에 백이 싸움을 피
하려면 곧장 2로 전환
하는 것도 AI의 대국적
발상이다. 이하 백6 때
흑7로 막은 후 11까지
우변과 하변을 연계하
는 효율적 정리법인데.
백12가 중앙 삭감의 요
처로 이 진행도 거의 대
등하다고 본다.

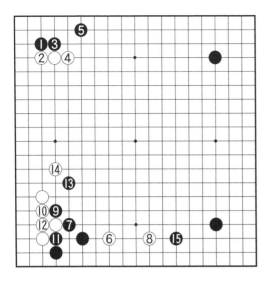

19도(흑의 국면 전환)

1도 백2 때 흑이 손을 빼고 1로 침입해 큰 자리로 향하는 것도 국면을 전환하는 하나의 방안이다. 이하 5까지 간결한 정석 다음 백6으로 협공하면 흑7의 붙임은 알려진 타개 기술이며, 이하 15까지 거의 팽팽한 공방이다.

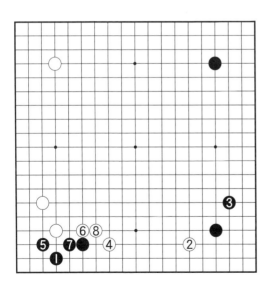

20도(백의 능동적 방안)

애초 흑1에 백도 2로 걸친 후 4의 협공이 하나의 능동적 방안이다.

흑5로 귀를 허용해도 백이 6, 8로 봉쇄하면 두터움으로 국면을 주도한다.

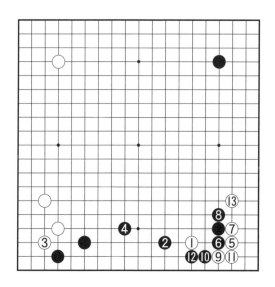

21도(백, 견실한 실리)

백1에 흑2로 협공하면 백은 3으로 귀를 지킨 후 우하귀도 13까지 처리해서 견실한 실리로 충분하다.

흑은 하변의 발전성이 제한되어 이 정도의 일방가로는 앞서지 못한다.

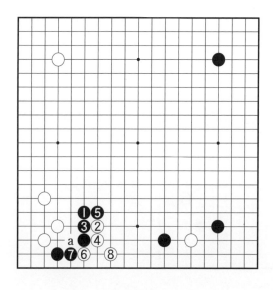

22도(세련된 모양 파괴)

앞 그림 백3 때 흑1로 하변을 넓히면 백2, 4가 모양을 무너뜨리는 세련된 기술이다.

이하 8까지 되면 a의 맛도 남은 만큼 백이 활발한 진행이다.

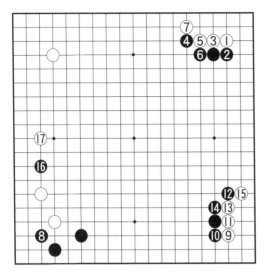

23도(백, 스피드 행마)

AI 감각은 백1의 3三침입을 권장하는데 기본적으로 귀를 선점하면 국면을 주도한다는 판단이다. 이하 7까지 되고 흑8로 귀를 파도 백은 재차 9로 침입하는 스피드가 돋보인다. 이하 흑16으로 공격해도 백17로 맞서 충분하다.

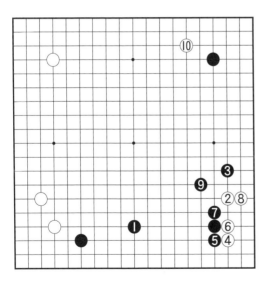

24도(예전의 상식)

처음으로 돌아가서, 흑1로 넓게 벌리면 백2로 걸친 후 우하귀 정석을 거치며 10까지 변화가 예전의 상식이었다.

이 진행이면 거의 팽팽한 형세이다.

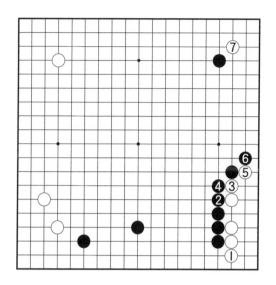

25도(AI 행마법)

앞 그림 흑7 때 백1로
내려선 후 6까지 AI가
선호하는 수순이다.

여기서 백이 손을 빼
고 7로 빠르게 침입해
서 충분하다고 본다. 백
1 이하 7까지 AI 행마
법이라 봐도 좋다.

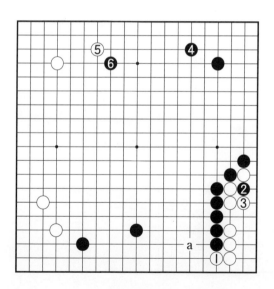

26도(흑, 폭넓은 발상)

앞 그림 흑6 때 백1의
꼬부림은 a의 교환을
기대한 것이지만, 흑도
하변은 내버려두고 2를
선수해서 우변 침식을
차단한 후 6까지 폭넓
게 두면 충분히 대항할
수 있다.

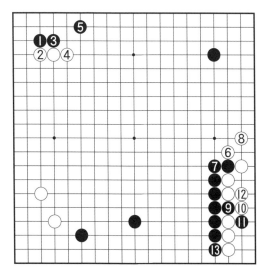

27도(진보된 감각)

25도 백5 때 흑이 손을 빼고 빠르게 좌상귀 1의 침입도 변화를 구하는 진보된 감각이다.

이하 5까지 간결한 정석 다음 백6, 8로 우변에 진출하면 흑은 9, 11로 활용하며 13으로 막아 하변 두터움으로 대항한다.

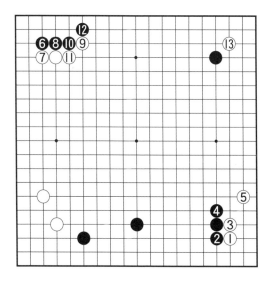

28도(일순위 변화)

처음부터 백1로 침입을 하고 나서 13까지도 AI의 일순위 변화이다.

서로 3三침입을 주고받고 있지만, 어쨌든 백이 스피드한 행마를 주도하면서 약간이라도 편하다고 본다.

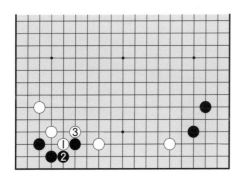

▦ 장면

좌하귀 정석(본형 20도 참조)에서 백1, 3으로 호구쳐서 봉쇄하는 것이 상식으로 알려졌다. AI의 관점에서 이후 대응법과 형세를 어떻게 보는지 알아보자.

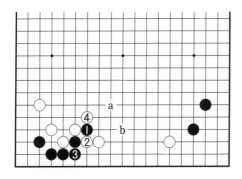

1도(백, 활발)

흑1의 젖힘이면 백2, 4로 잡는 것이 두텁다고 본다.

다음 흑이 축머리를 쓸 때는 백a나 b가 능률적 방어이며 백이 활발한 형세라고 본다.

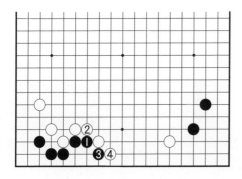

2도(흑, 실전적 수법)

AI의 관점에서는 흑1, 3으로 처리한 후 큰 자리로 전환하면 충분하며 형세는 백이 약간 편한 정도라고 본다. 흑1, 3은 AI 특유의 실전적 수법으로 기억하자.

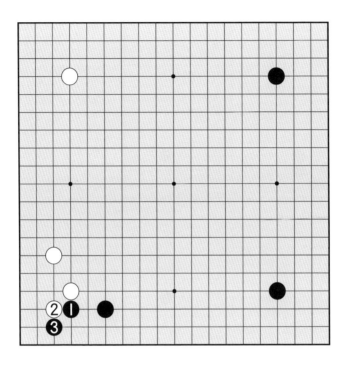

　화점에 흑이 걸치고 백이 날일자로 받은 장면에서 여기를 계속 둔다면 흑1, 3으로 붙이고 젖히면서 귀를 파고드는 것이 AI시대 대표적 발상이다.

　귀에서 늦추지 않고 치열하게 마감하겠다는 뜻인데, 이후의 포석 변화에 대해 알아본다.

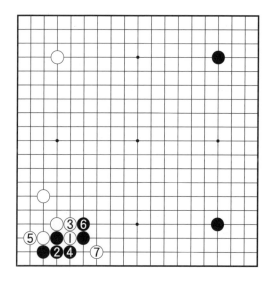

1도(풀어가는 방안)

백1로 단수친 후 3으로 이으면 6까지 기억해둘 보편적 정석 수순이다.

백7은 치열한 활용인데 국면을 풀어가는 하나의 방안이다.

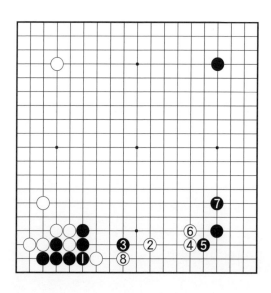

2도(백, 하변 주도)

이때 흑1로 잇고 백2로 갈라친 후 8까지 되면 백이 하변 전체를 주도하는 흐름이다.

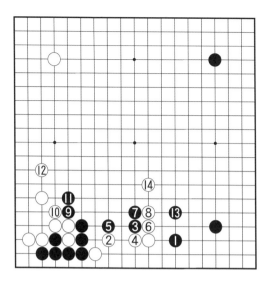

3도(흑, 능동적 방안)

앞 그림 백2 때 흑1로 우선 다가서는 것이 능동적이다.

백2로 지킬 때 흑3, 5와 9, 11로 위에서 눌러 중앙을 정리하며 14까지 흐름은 AI의 방안인데, 형세는 팽팽한 싸움이라고 본다.

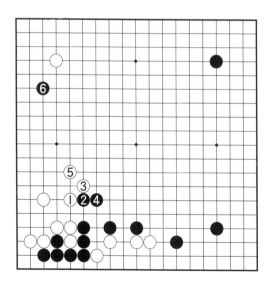

4도(모양의 요소)

앞 그림 흑5 때 백1도 모양의 요소이다. 흑도 2, 4로 두텁게 틀을 잡은 후 6으로 걸쳐 좌변을 견제하면 AI 안목에서 호각으로 본다.

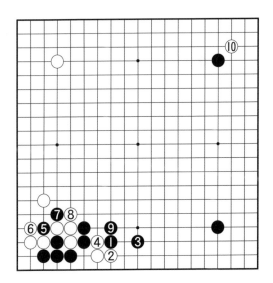

5도(상용 수순)

1도 다음 흑1이 백의 주문을 역행하는 씌움이다. 이하 9까지 상용 수순이며 백은 뒷맛을 남기고 10으로 전환하는 것이 넓은 발상이다.

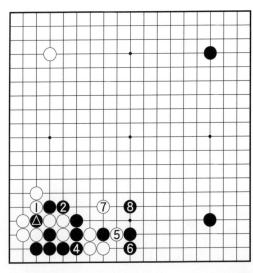

③‥△

6도(어려운 전투)

앞 그림 흑7 때 백1, 3으로 참고 5로 하변을 돌파하며 변화를 구할 수 있다.

흑도 6, 8로 정비하며 추격하면 서로 어려운 전투이다.

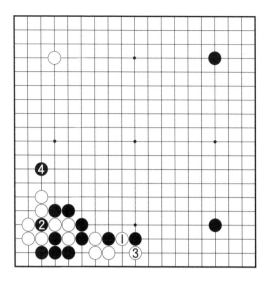

7도(팽팽한 변화)

앞 그림 흑2에 백1로 먼저 돌파하면 흑2로 석점을 잡을 수도 있다.

다음 백3으로 하변을 다스리면 흑도 4로 좌변을 압박해서 거의 팽팽하다.

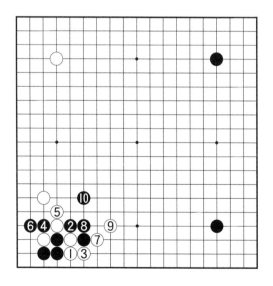

8도(진화된 행마법)

1도 흑2 때 백1로 뚫으면 흑2로 끊은 후 10까지 AI시대 진화된 행마법이다.

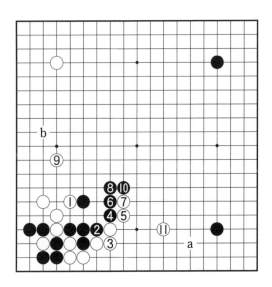

9도(모양 정리 행마법)

이다음 백1이 급소이고 흑2 이하 8까지 필연이다. 백1 이하 흑8까지는 모양을 정리하는 행마법으로 기억해둔다.

백9는 안정적 벌림이고 흑10의 꼬부림은 요소이다. 백11로 벌릴 때 흑이 a나 b를 선택하면 서로 어울렸다.

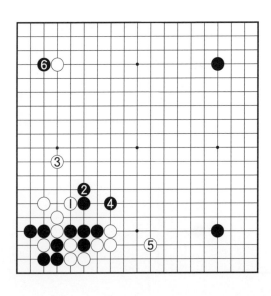

10도(두터운 자리)

백1에 흑2의 뻗음도 두터운 자리이다. 이하 5까지 서로 무난하게 정비하는 흐름이며, 흑6의 붙임은 AI가 추천하는 침입 방법이다.

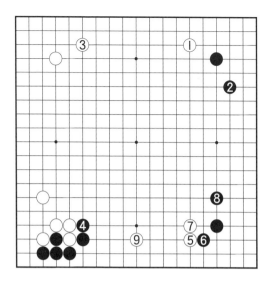

11도(백, 손 빼는 경우)

1도 흑4 때 백이 손을 빼고 두는 변화도 가능하다.

가령 백1, 3으로 상변을 개척해도 흑의 다음수는 4로 밀어 올리는 곳이 우선이다. 이하 9까지 되면 비슷한 형세이다.

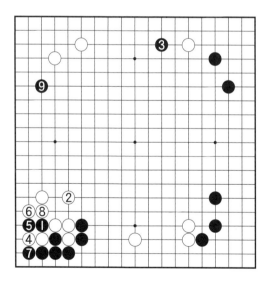

12도(이후 대표적 변화)

이다음 흑1로 응징하고 백2로 지킬 때 흑3에 협공하는 것은 AI가 보여주는 대표적 변화이다. 좌하귀는 백4 이하 8까지 활용하면서 정리하는 것이 요령인데, 흑도 두점을 잡지 않고 9로 전환하는 것이 대세적 태도이다.

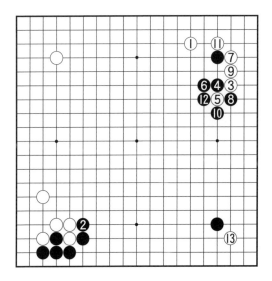

13도(양걸침 이후)

백1에 바로 흑2의 요소를 둘 수도 있다. 백3의 양걸침이면 흑4로 붙인 후 12까지 축이 유리한 흑이 선택할 수 있는 두터운 정석이다.

　다음 백13으로 침입해서 형세는 어울렸다.

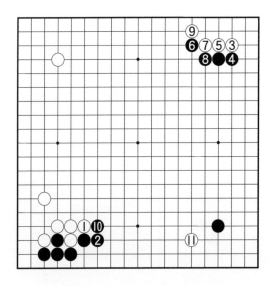

14도(백의 일책)

1도 흑4 때 요소였던 백1의 곳을 먼저 밀어놓고 3의 침입으로 전환하는 발상도 일책이다. 이하 9까지 되고나서 흑10은 중앙 대세점이며 백11로 하변 모양을 견제하면 팽팽한 진행이다. 흑10과 백11은 맞보기로 봐도 되겠다.

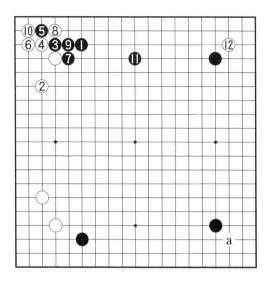

15도(귀의 변화)

좌하귀 흑이 걸쳐만 놓고 좌상귀 1로 재차 걸치는 경우도 많다. 흑3, 5에 백6으로 단순히 늘면 이하 11까지도 정석에 해당한다.

백은 귀를 지켰고 흑은 변에 모양을 구축했다. 백12나 a로 침입해서 무난한 흐름이다.

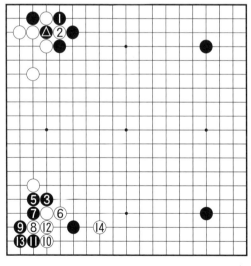

④‥⚫

16도(패의 공방)

앞 그림 백8 때 흑1의 패는 시도할 수 있는 도발이다.

백2에 흑3의 팻감이 있고 백4로 이어 해소할 때 흑5로 뚫리지만 백6에 나가면 서로 싸울 수 있다. 이하 14까지는 AI가 제시하는 무난한 변화이다.

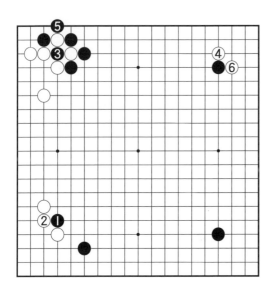

17도(유력한 팻감)

흑1에 백도 2로 받고 4
의 붙임이 유력한 팻감
이다. 흑5로 따내 상당
히 두텁지만 백도 6으
로 실리를 차지하면 충
분한 형세이다.

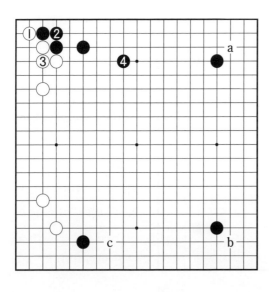

18도(간명책)

15도 흑5 때 백1로 이
단 젖히고 흑2, 4로 벌
리면 서로 간명하다.

흑4로 높인 것은 모
양의 엷음을 보완하기
위함이다.

다음 AI는 백이 a나
b의 침입, c의 협공 등
을 우선순위로 둔다.

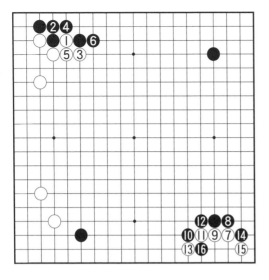

19도(발 빠른 착상)

15도 흑5 때 백1, 3으로 호구쳐 6까지 확실하게 눌러놓고 7의 침입으로 전환하는 것도 AI시대의 발 빠른 착상이다.

흑8로 막은 후 16까지는 정석의 과정이다.

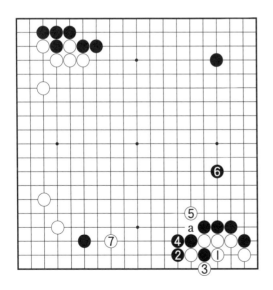

20도(귀의 간명한 정리)

백1, 3으로 한점을 잡으면 일단 귀는 간명하게 정리된다.

다음 백5로 활용하면 흑은 a로 잇기보다 6의 벌림이 활동적이다. 백7로 협공하면 AI 안목에서 호각이다.

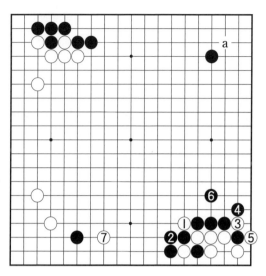

21도(약점 만들어놓기)

앞 그림 흑2 때 백1로
끊어놓고 3, 5로 이쪽
을 잡을 수도 있는데 나
중에 중앙 약점을 이용
하기 위함이다. 이때 흑
은 축이 불리하므로 6
의 지킴이 보통이며, 백
7의 협공이나 a의 침입
으로 전환하면 거의 대
등한 형세이다.

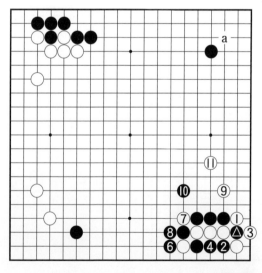

22도(백의 변화)

19도 다음 백1로 우변
쪽을 잡으면 흑2, 4로
조인 후 10까지 이 경
우의 정석으로 기억해
둔다.

다음 백11로 지키면
무난하며, a의 침입도
발 빠른 실리 전략이다.

⑤‥▲

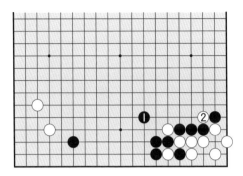

▦ 장면

이 장면(본형 21도 참조)에서 우하귀 정석 이후가 초점이다.

흑1로 하변을 중시하는 경우 백2로 끊으면 흑이 어떻게 대응할지 생각해보자.

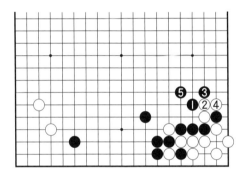

1도(능률적 중앙 정리)

흑1로 씌워서 한점을 버리고 5까지 중앙을 정리하는 것이 능률적이며 형세는 흑이 약간 활발하다.

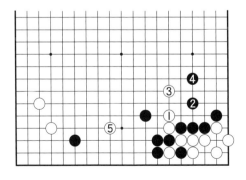

2도(백, 능동적 싸움)

차후 백도 여기를 둔다면 1, 3으로 나간 후 하변 5로 갈라쳐서 싸우는 것이 능동적이며 서로 어려운 형세이다.

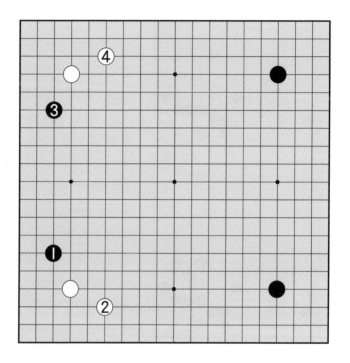

  흑1, 3으로 안쪽에서 걸치는 것은 국면을 갈라놓고 싸우려는 적극적인 작전이다.

  AI시대에는 거의 볼 수 없지만, 이 배치에서 이창호 9단이 AI 정석을 활용한 두터운 전략을 구사하면서 눈길을 주었다. 백2, 4로 받은 이후 가칭 'AI활용 이창호 포석'에 대해 알아본다.

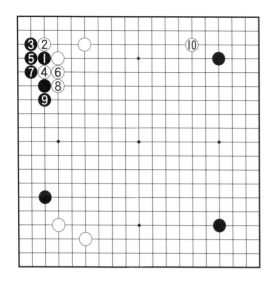

1도(AI의 경우)

이 배치에서 AI라면 보통 흑1, 3의 정석을 추천하며 이하 10까지는 흑이 좌변, 백은 상변에 힘을 싣는 모습이다. 형세는 어울렸다고 본다.

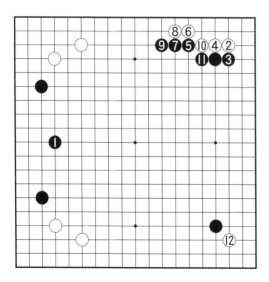

2도(단순 두터움 전략)

기본형 다음 흑1은 예전에 많이 두었던 모양 구축인데 근래 이창호 9단이 애용해왔다. 백2의 3三침입 이후 6에 붙이면 흑7, 9로 단순하게 늘어 두터움을 형성해 가려는 구상이다.

백12 다음의 대처가 이 포석의 핵심인데~

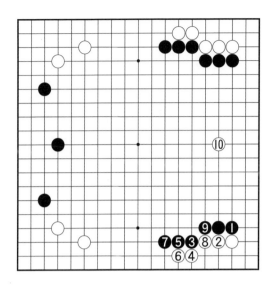

3도(백, 만족)

이때도 같은 쪽에서 흑 1로 막고 9까지 두면 백은 10으로 좌우동형의 중앙을 갈라쳐서 만족이다.

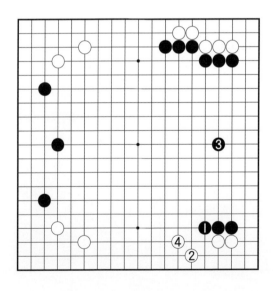

4도(좌우 연계가 어렵다)

흑이 우변을 경영하자면 앞 그림 백2 때 흑1로 늘어 간명하게 처리한 후 3으로 모양을 구축할 수 있다. 다만 좌변과 연계하면 입체감이 떨어져서 두터움 활용에 어려움이 있다. 백은 4로 세력을 견제하며 실리로 앞서간다.

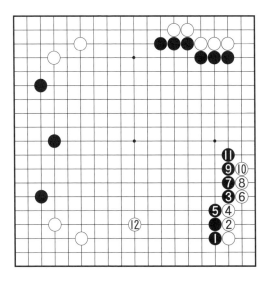

5도(일관된 작전)

2도 다음 흑1쪽으로 막은 후 11까지는 좌변과 연동해 두터움을 입체화하려는 일관된 작전이다. 백은 일단 12까지 충분한 국면이다.

정교한 AI 관점에서는 흑이 미흡하지만 두터움 활용에 이 포석의 성공여부가 달려있다.

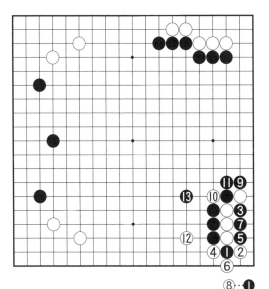

6도(싸우기 편한 무대)

앞 그림 백6 때 흑1로 젖히고 이하 13까지 되면 세력이 넓어져 앞으로 흑도 싸우기 편한 무대가 갖춰졌다.

AI의 형세로는 백이 불리하지 않지만 굳이 상대 의도대로 둘 필요는 없다.

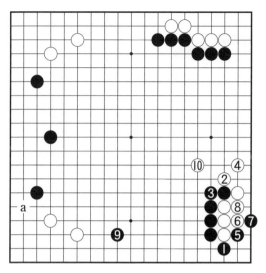

7도(백의 변신)

흑1에는 백2, 4로 변신하며 우변 진출이 상황에 맞다. 흑5, 7의 활용은 당하지만 흑이 일관된 두터움으로 국면을 주도하기가 어려워진다. 흑9로 하변을 넓히는 정도인데, 백10이 중앙 대세점이며 귀쪽 a의 지킴도 크다.

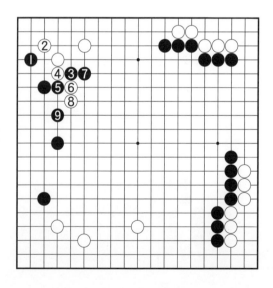

8도(예측불허)

5도 다음 흑의 두터움 활용이 초점인데 좌변 모양을 토대로 삼는다면 흑1, 3으로 넓히는 것이 하나의 방안이다. 백4, 6으로 도발하는 경우 주변이 두터운 흑이 7, 9로 강하게 맞서면 형세는 예측불허이며 전투력에 달려있다.

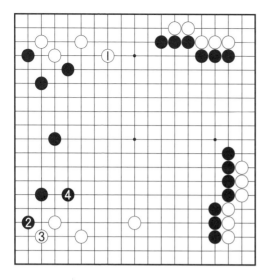

9도(무난한 변화)

앞 그림 흑3 때 백1로 중앙 진출이면 무난한데 흑도 2, 4로 실리를 지키면서 두터움을 활용해가면 백이 약간 편한 정도로 이제부터의 바둑이다.

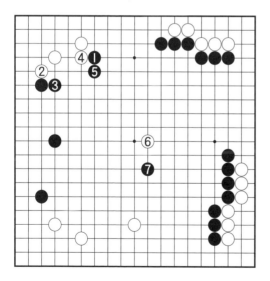

10도(어깨짚음 이후)

5도 다음 흑1은 AI가 선호하는 어깨짚음. 이후 백은 6의 삭감이 시급하며 흑은 7로 차단해서 중앙 전투를 주도한다. 타개에 능한 AI가 보기에 당장은 실리가 많은 백이 편하지만 흑도 상대를 세력권 안에 끌어들인 것이 강점이다.

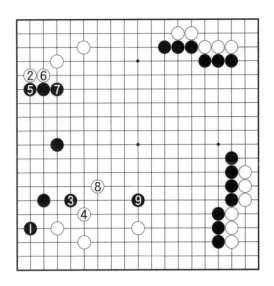

11도(은근한 세력활용)

좌하 흑1부터 두면 백2
가 실리로 크다.

이하 9까지 AI가 보
여주는 변화인데, 흑이
실리는 부족하지만 은
근히 세력을 활용해가
는 것이 특징이다.

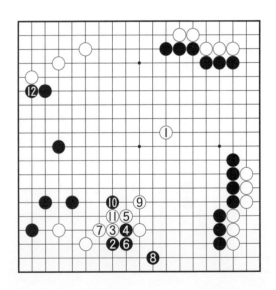

12도(적시의 침입)

앞 그림 흑3 때 백1로
삭감부터 서두르면 흑2
가 적시의 침입이며 이
하 12까지 흑도 실리로
균형을 맞추며 대항할
수 있다.

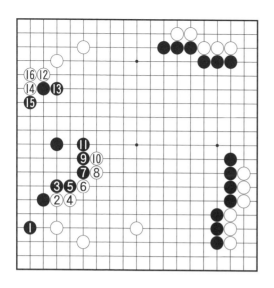

13도(백, 활발)

흑1에는 백2로 붙이는 변화도 생각할 수 있다.

이하 11까지 눌러 중앙을 제어한 후 좌상귀 16까지 실리를 지키면 백의 행마가 리듬을 타며 활발한 국면이다.

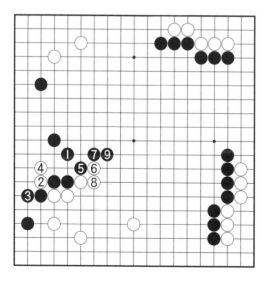

14도(약점 이용)

앞 그림 백6 때 흑1로 지키면 백2, 4로 약점을 이용해서 9까지 중앙을 정리하는 것이 일단 백의 선수이다.

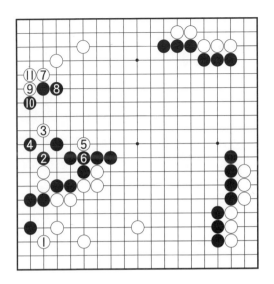

15도(백, 활발)

이다음 좌변 백1이 선수이고 3, 5로 활용한 후 7 이하 11까지 귀를 지키면 역시 AI는 백이 활발한 국면으로 본다.

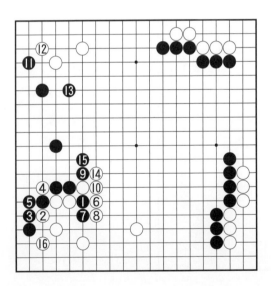

16도(두터움 전략 차질)

13도 백6 때 흑1로 끊으면 이하 10까지 두점이 잡힌다. 그사이 흑이 좌변을 정리하고 11, 13으로 좌상 귀쪽을 선점할 수 있지만 백14, 16의 실전적 대응만으로도 흑은 중앙 두터움 전략에 차질이 생긴다.

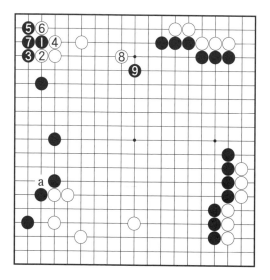

17도(실전적 대안)

13도 백4 때 흑1의 침입이 AI의 실전적 대안이며 8까지 무난한 타협이다.

다음 흑은 당장 a쪽 끊길 염려가 없는 만큼 9로 씌워 노골적으로 모양을 넓히면 아직 흑의 두터움이 살아있어 갈 길이 멀다.

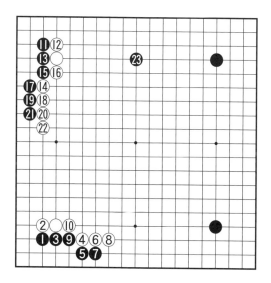

18도(백, 두터운 전략)

이번에는 백으로 AI활용 두터움 전략을 적용해보자.

양화점 포석에서 흑1의 이른 3三침입에 백2 이하 10까지, 흑11의 침입에도 백12 이하 22까지 단순하지만 두터운 전략이다. 흑23으로 견제하고 나서~

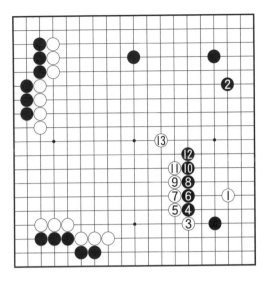

19도(백, 넓은 모양)

백1의 걸침과 흑2의 굳힘은 AI의 일순위 추천수이다. 다음 백3의 양걸침부터 13까지 되면 실리와 두터움의 극단적인 대결로 치닫는다. 형세는 팽팽하다고 보지만 주도권은 모양이 넓은 백이 쥐고 있다.

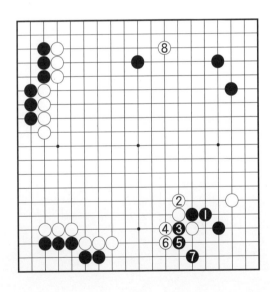

20도(백, 싸움 주도)

앞 그림 백5 때 흑1로 끌면 이하 7까지 일단락되고 나서 백8의 침입이 요처이다.

역시 형세는 팽팽하지만 백은 두터움을 배경으로 싸움을 주도할 공산이 크다.

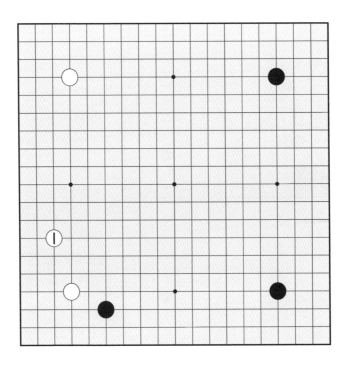

　화점 걸침에 백1의 눈목자받음은 실리에 취약하지만 3三침입을 유도해서 국면을 주도하려는 뜻이다.

　AI의 관점에서 전체 국면을 조망하면서 이후의 포석 변화에 대해 알아본다.

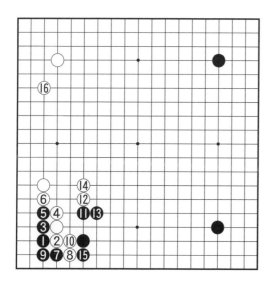

1도(과거 정석에서)

흑1로 3三에 침입하면 백2로 막은 후 14까지 과거 대표적인 정석이었다. 다음 AI는 흑15로 활용할 때 백이 16으로 굳히면 서로 어울렸다고 본다.

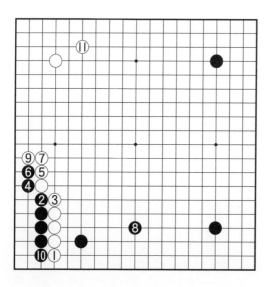

2도(백, 두터운 형세)

1도 흑5 때 백1로 내려서는 수로 발전되었다.

이하 7까지 늘 때 흑8로 전환하면 백9로 막는 것이 귀에 선수이고 11로 굳히면 백이 두터운 형세이다.

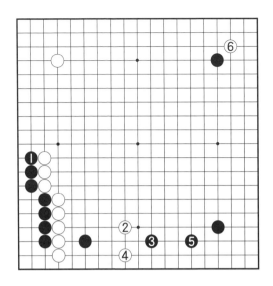

3도(서로 효율적)

앞 그림 백7 때 흑1로 한번 더 밀고 백도 하변 협공으로 전환하는 것이 서로 효율적이다. 이하 6까지 AI가 보여주는 무난한 변화이다.

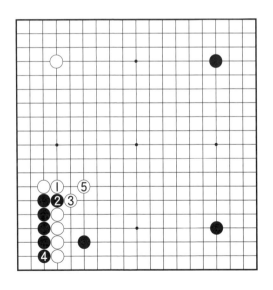

4도(효과적인 틀)

2도 흑2 때 백1로 올라선 후 5까지 틀을 잡을 수도 있다.

실은 AI도 이렇게 두면 백이 효과적이라고 본다.

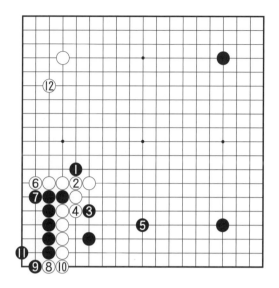

5도(백, 두터움)

이다음 흑1로 활용하며 3, 5로 하변을 키우지만 백6 이하 10까지 모두 귀에 선수이고 12로 굳히면 백이 두터운 진행이다.

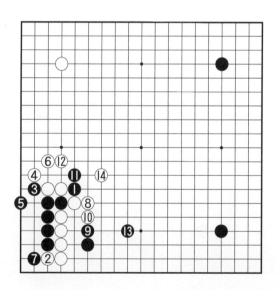

6도(끊고 싸우는 경우)

4도 백3 때 흑도 1로 끊고 싸울 수 있다.

이하 14까지 AI가 보여주는 변화 중 하나인데 아직 형세는 불투명하다.

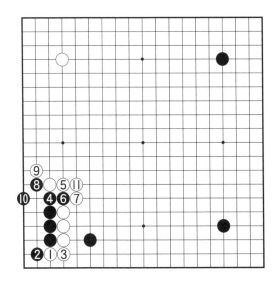

7도(젖혀 잇는 경우)

1도 흑5 때 백1, 3으로 젖혀 이으면 이하 11까지 AI가 보여주는 간명한 변화이다.

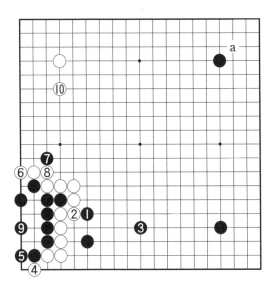

8도(백, 두터움으로 대항)

이다음 흑1, 3으로 하변에 모양을 갖추면 백도 4, 6으로 귀를 활용하면서 10까지 좌변 두터움으로 대항할 수 있다. 실은 AI 관점에서, 흑3 다음 백이 a의 침입으로 전환해도 충분하다고 본다.

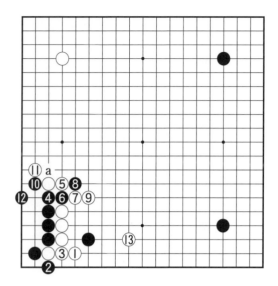

9도(싸우는 변화)

7도 흑2 때 백1로 호구 치고 흑2, 4에 백5로 올라선 후 13까지의 싸움도 AI가 알려주는 변화이다.

여기서 백이 좌변 a의 약점을 보강하지 말고 13의 협공으로 전환하는 것이 국면을 주도하는 착상이다.

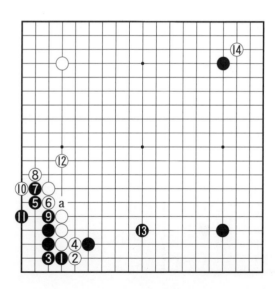

10도(AI 정리법)

1도 백4 때 흑1로 먼저 젖힌 후 12까지도 AI가 보여주는 정리법이다. 다음 흑13에 벌리고 백14로 침입해서 어울린 형세이다.

백12의 지킴은 효율을 중시한 것으로 a쪽 뒷맛이 있지만 당장 흑이 끊기는 어렵다.

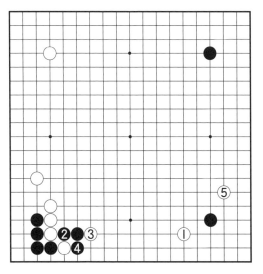

11도(백, 능동적 발상)

앞 그림 흑3 때 백1의
걸침은 능동적인 발상
이다.

흑2로 끊으면 백3의
맥점을 활용한 후 5의
양걸침으로 발빠른 전
략인데, 이래도 형세는
어울렸다.

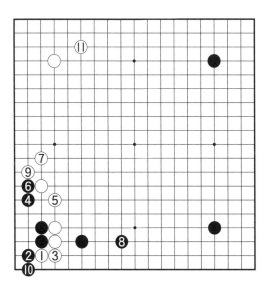

12도(백, 먼저 젖힘)

거슬러 올라가, 1도 흑
3 때 백도 1의 젖힘을
먼저 시도할 수 있다.

이하 11까지 AI가 보
여주는 알기 쉬운 변화
인데 서로 어울렸다.

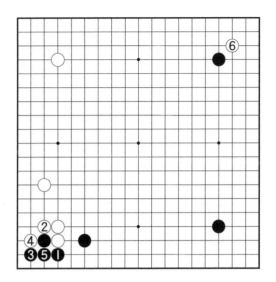

13도(백, 간명한 정리)

1도 백2 때 흑1의 젖힘이면 뒤에서 백2, 4로 선수해 간명하게 정리한 후 6으로 전환해서, AI는 백이 국면을 주도하는 흐름으로 본다.

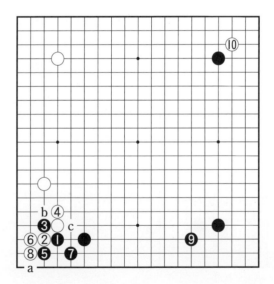

14도(맞끊는 경우)

흑1, 3으로 맞끊고 8까지면 예전의 정석 수순이다. 흑a, 백b면 일단락이지만 그 경우 AI는 백이 편하다고 본다.

차라리 흑은 c쪽에 힘을 싣는 방안으로 9의 굳힘이 효율적이라고 본다. 백도 10의 침입이면 충분하다.

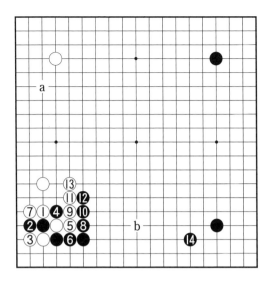

15도(백, 활발)

흑이 맞끊을 때 백1, 3
으로 몰아가는 것도 유
력하다. 흑4, 6에 백7
로 두점을 잡는 것이 실
용적이며, 흑도 8 이하
14까지 하변을 키운다.

　AI 안목에서 다음 백
이 a의 굳힘이나 b의 침
투를 선택하면 활발한
국면으로 본다.

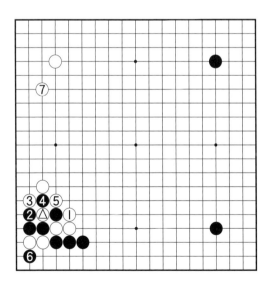

16도(백, 두터움)

앞 그림 흑6 때 백1로
꼬부려 유연하게 둘 수
도 있다.

　이하 5까지 필연이
며 흑6으로 귀를 잡을
때 백7로 굳히면 △가
선수인 만큼 좌변 일대
가 두터워서 백이 충분
한 형세이다.

원포인트 레슨

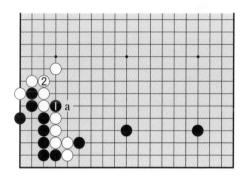

▦ 장면

좌하 정석 이후 흑1로 얇은 곳을 끊으면 백이 어떻게 대응할지 생각해보자.

이때 백2로 이으면 흑이 a로 움직이는 뒷맛이 남아서 백의 부담이다.

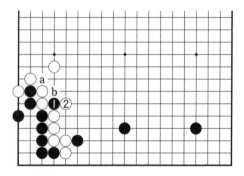

1도(흑, 불리)

흑1에 백2로 몰면 흑이 a로 끊든 b로 나가든 불리하다.

흑a로 끊으면 한점을 잡더라도 후수이며, 흑b로 나가면 백a로 이으면서 흑 두점이 곤마로 몰린다.

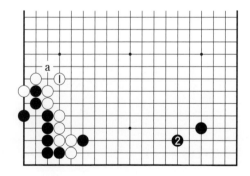

2도(간명한 호구 지킴)

백은 뒷맛이 신경 쓰이면, 이 시점에서 1의 호구로 지켜도 간명한데 a의 활용이 남아있다. 다음 흑2로 굳히면 서로 무난한 진행이다.

2부

양화점에서 능률 포석

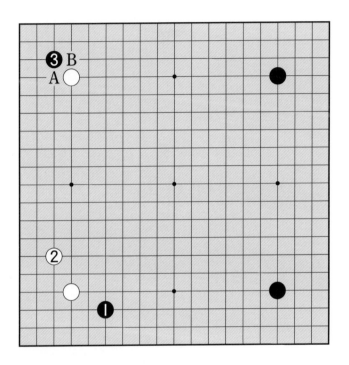

양화점 포석에서 흑1로 걸치고 백2에 받을 때 흑3으로 3三에 침입하는 것은 공간을 능률적으로 넓게 사용하려는 발 빠른 전략이다.

백은 A와 B, 어느 쪽이든 막을 수 있는데, 이번 형에서는 백이 강한 A쪽 막음 이후 변화에 대해 알아본다.

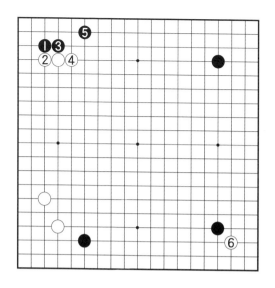

1도(모범 포석)

흑1의 침입에 백2로 막은 후 5까지는 실전에 많이 등장하는 간명한 정석 처리이다.

다음 백6의 3三침입이면 AI시대의 모범 포석 흐름이다.

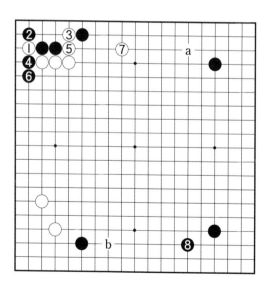

2도(귀를 공략하는 경우)

앞 그림 흑5 때 백이 귀를 공략한다면 1, 3이 효과적 수순이며 이하 7까지 기억해둘 정석의 예이다. 다음 흑8의 굳힘이 큰 자리이며, 백은 a의 걸침이나 b의 협공이 AI의 일순위 추천수이다.

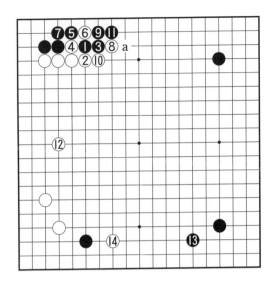

3도(백, 변에서 주도)

1도 백4 때 흑1로 뛰는 경우 백2로 밀고 나서 이하 11까지 정석이다.

다음은 AI의 변화도 인데, 백이 실리를 허용한 대신 12로 벌리고 14로 협공하며 변에서 주도하는 흐름이다. 수순 중 흑13의 굳힘은 a의 단수도 가능하다.

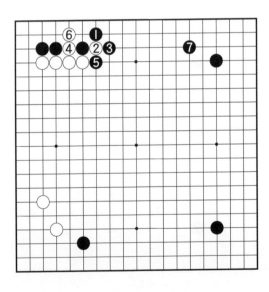

4도(바꿔치기)

앞 그림 백2 때 흑1의 날일자 지킴은 탄력을 주기 위함이다.

이때 백2는 흑3으로 반발해서 6까지 바꿔치기가 된다. 흑이 귀는 빼앗겼지만 7로 굳히면서 두터운 상변 모양으로 대항할 수 있다.

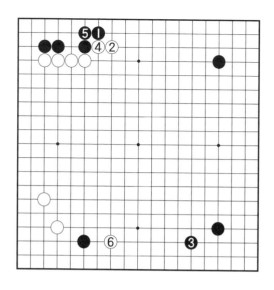

5도(날일자 압박)

흑1에는 백2의 날일자로 압박하는 편이 상황에 어울린다.

이후 AI는 6까지의 변화를 보여주는데, 백이 약간 주도하는 포석 흐름으로 본다.

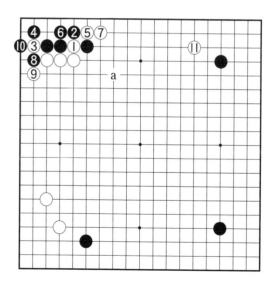

6도(흑이 당한 결과)

이 모양에서 백1, 3으로 추궁하는 경우 흑4로 받으면 백5, 7로 늘기만 해도 이미 흑이 당한 결과이다.

흑8, 10으로 한점 잡는 것이 필연인데, 백11로 걸치든 a로 안정적으로 지키든 백이 우세한 흐름이다.

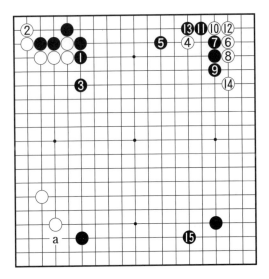

7도(흑의 효율적 대응)

앞 그림 백3 때 흑1로 밀어올리고 백2면 흑3에 뛰는 것이 힘차며 상변을 키우는 데도 효율적이다. 다음 백4에 걸치면 흑5로 협공한 후 15의 굳힘까지 AI의 변화도인데 흑이 약간 활발하다. 흑15는 a의 붙임도 주도적이다.

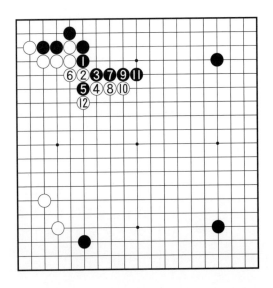

8도(백의 능동적 대응)

흑1에는 백도 2 이하 중앙에서 맞서는 것이 능동적이며 12까지 AI의 변화도인데, 흑도 상변 모양으로 대항해서 불만 없다.

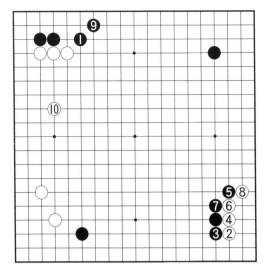

9도(마늘모 지킴이 우선)

흑1로 뛰면 백이 손을 돌리는 경우가 많다. 가령 백2로 침입해서 8까지 되면 흑9의 마늘모로 지키는 것이 우선이다. 다음 백10으로 벌리면 무난한 진행이다.

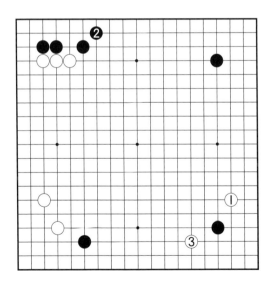

10도(양걸침 흐름)

백1로 걸치는 경우라면 더욱 흑은 축이 불리하므로 2의 지킴은 필수이다.

다음 백3으로 양걸침하는 포석 흐름이 보편적이다.

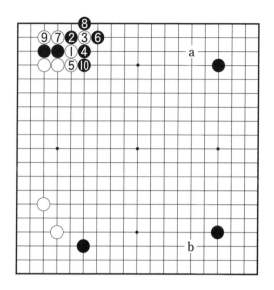

11도(상변 발전성)

1도 흑3 때 백1, 3의 이 단젖힘이면 9까지 정석 수순. 다음 흑이 10으로 밀어 올리면 상변 발전성이 높고, 귀를 중시 하면 a나 b로 굳혀도 충분하다.

백도 선수를 잡기 위 해서는 좌상귀 정석을 피하는 편이 보통이다.

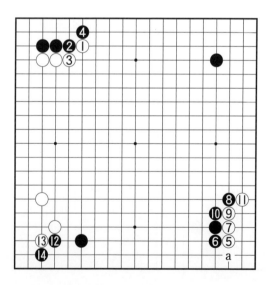

12도(같은 패턴의 대응)

1도 흑3 때 백1로 늦추는 수도 실전 빈도가 높다. 흑2, 4에 이번에는 백이 5로 침입해서 같은 패턴으로 대응하는 흐름이다. 백11 다음 흑은 12, 14로 좌하귀를 공략하거나 a의 젖힘으로 우하귀 모양을 정리해갈 수 있다.

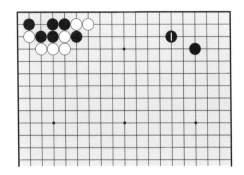

▦ 장면

좌상귀는 이미 흑이 당한 결과이다(본형 6도 참조).

이를 만회하기 위해 흑1의 큰 자리로 전환하면 백이 어떻게 대응할지 생각해 보자.

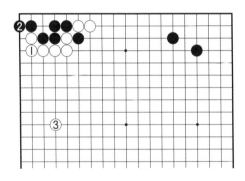

1도(선수활용)

백1의 이음이 아주 큰 선수활용. 흑2로 살아도 나중에 끝내기까지 당하면 3집에 불과하다. 유유히 백3으로 좌변에 모양을 구축하면 단연 백이 우세한 국면이다.

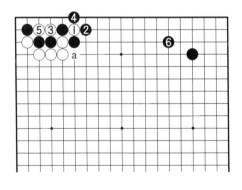

2도(백, 대우세)

백1로 끊은 시점에서 흑이 6까지 차선책이라 주장하기 어렵다. 귀의 손실뿐만 아니라 백 모양이 견실해서 나중 흑a의 밀어올림이 힘을 잃었다. 백의 대우세.

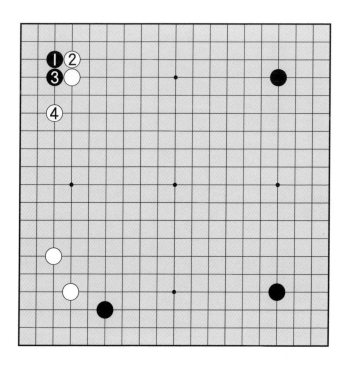

　이번에는 흑1의 침입에서 백2로 상대의 강한 쪽을 막고 4로 늦출 때의 포석 구상을 생각해본다.

　같은 정석을 사용하더라도 주변 상황에 따라 가치와 효율이 달라질 수밖에 없는데, 이를 염두에 두면서 먼저 기본적인 포석 변화에 대해 알아본다.

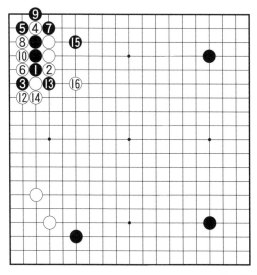

①··④

1도(상용 정석에서)

기본형 다음 흑1, 3으로 응수하면 무난하다. 백4로 젖힌 후 16까지 되면 익히 알려진 상용 정석인데, 이후 포석 변화에 대해 알아보자.

우선 좌변만 보면 모양의 완성도가 높아 보통은 백이 원하는 변화이다.

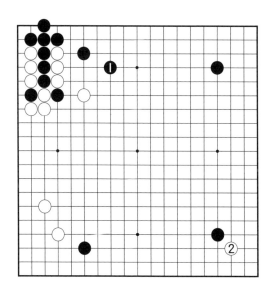

2도(흑, 느슨한 지킴)

이 다음 흑1로 지키면 정석이 완결되지만 전체 구상에서는 약간 느슨하다.

백2로 침입하면서 국면은 백이 주도한다는 것이 AI의 견해이다.

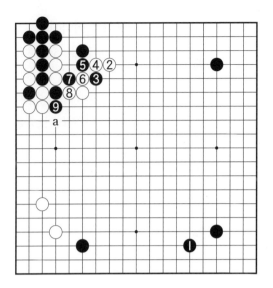

3도(흑, 능동적 굳힘)

1도 다음 흑1의 굳힘이 능동적인데, 상변 백2로 추궁하면 흑3으로 가른 후 7의 끼움이 효과적이다.

이때 백8의 양단수는 흑9로 나오면서 a의 축이 불리한 백이 위험한 진행이다.

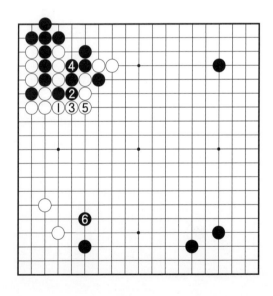

4도(흑, 우세)

앞 그림 흑7 때 백도 1 이하 5까지 두텁게 정리하는 것이 순리인데, 다음 흑6으로 좌변 모양을 견제하면 흑이 우세한 흐름이다.

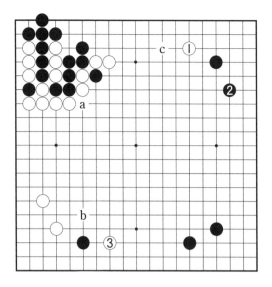

5도(백, 능동적 태도)

앞 그림 흑4 때 백도 a
로 잇는 대신 1, 3으로
요처를 차지하는 것이
일단 능동적이다.

　다만 흑이 좌상 약점
을 노리면서 b나 c의 어
느 쪽에서 도발하든 충
분한 싸움이다.

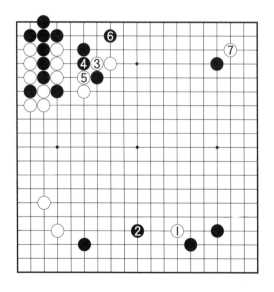

6도(어깨짚음의 의도)

3도 흑3 때 백1의 어깨
짚음은 흑2 다음 백3,
5로 끊으면서 3도의 축
을 내다본 수이다.

　이때는 흑도 6으로
근거를 마련하는 것이
무난한데, 흑이 물러선
만큼 백도 7로 전환하
면 충분하다.

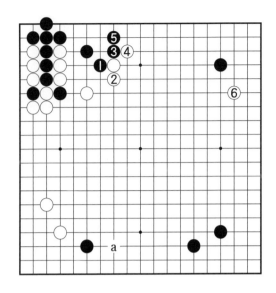

7도(흑, 간명한 안정책)

3도 백2 때 흑이 간명하게 두자면 1로 붙인 후 5까지의 안정책도 있다.

일단 백은 6으로 걸치거나 a로 협공하며 국면을 주도한다.

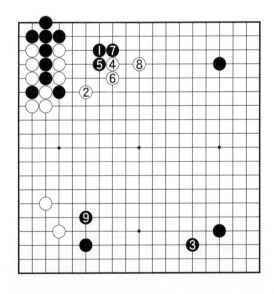

8도(흑, 눈목자 행마)

1도 백14 때 흑1의 눈목자 행마는 엷지만 일책이다.

이때도 백2로 받으면 흑은 3으로 굳히며 효율적 국면이 된다. 백4로 압박하면 흑5, 7을 선수한 후 9로 좌변 모양을 견제하면서 흑이 안정된 포석 흐름이다.

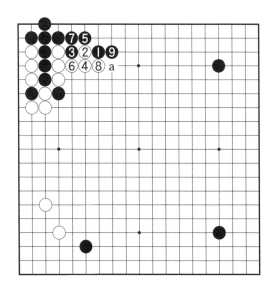

9도(효과적 껴붙임)

흑1에는 백2의 껴붙임이 효과적이다. 흑3으로 틈새를 파고들면 백4로 물러선 후 9까지의 수순을 밟는다.

다음 백이 a로 밀어가든지 큰 자리에 전환해도 충분하다.

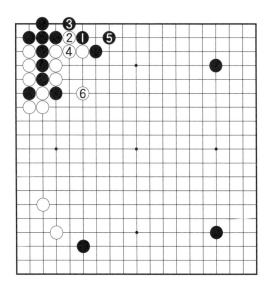

10도(호구치는 자세)

앞 그림 백2 때 흑1로 젖혀 받는 것이 무난하다. 이때 백2, 4로 끼워이으면 흑5로 호구치는 자세가 좋고 백6으로 지키지만 백 모양의 효율성이 떨어진다.

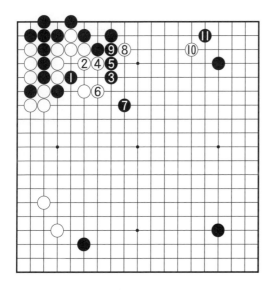

11도(흑이 주도하는 국면)
이 다음 흑1로 추궁해서
7까지의 중앙 진출이
교묘한 행마이다.

　백8,10으로 침입하
면 흑11로 공격해서 흑
이 주도하는 국면이다.

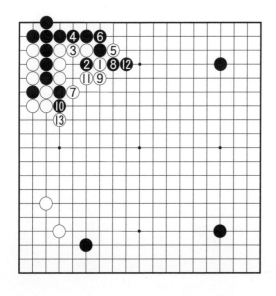

12도(모양 정리법)
이 시점에서 백은 끼우
지 말고 1의 젖힘이 효
율적이다.

　흑2, 4로 자연스럽게
잇고 나서 13까지 필연
의 모양 정리법이며, 서
로 균형이 잡히면서 백
도 충분한 형세이다.

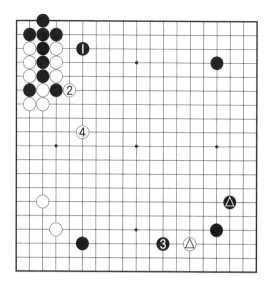

13도(달라진 상황)

1도 흑3 다음 백△와 흑▲가 교환되면 1도의 나머지 수순을 밟을 때 상황이 달라진다. 즉 흑 1이면 백2로 축이 성립하며 흑3의 협공이 축머리를 겸하고 있지만 백4의 지킴이 중앙도 다스리는 호처로 백이 약간 활발한 흐름이다.

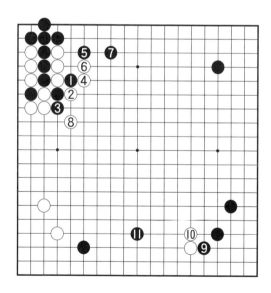

14도(흑의 일책)

이런 배석에서는 축을 피하면서 모양도 정리하는 흑1의 젖힘이 하나의 방안이다. 이하 8 까지는 좌변 모양에서 보편적 수순이며 흑은 손을 돌려 9, 11로 공격하는 깃이 무난한데, AI 기준에서 백도 불만 없는 진행이다.

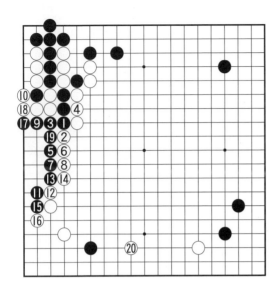

15도(당장 나가는 경우)

앞 그림 백8 때 흑1, 3
으로 당장 나가면 백4
로 막고 6으로 씌워 좌
변 흑이 위험에 처한다.

흑도 5의 뜀이 행마
법이며 이하 19까지의
삶은 AI의 변화도이다.

다음 백20으로 협공
하면 백이 주도하는 국
면으로 본다.

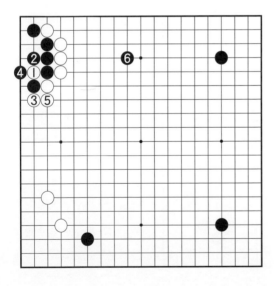

16도(흑의 간명책)

거슬러 올라가 백1로
끊을 때 흑2로 단수치
는 것이 가장 간명하다.

백3, 5로 봉쇄되어도
흑6으로 다가서서 모양
을 견제하면 균형이 잡
힌 형세이다.

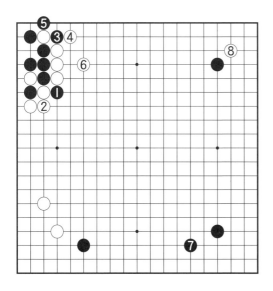

17도(싸울 여지)

앞 그림 백3 때 흑1로 끊어 싸울 여지를 남겨 놓고 3, 5로 이쪽 한점을 잡는 것도 능동적 착상이다.

이하 8까지 서로 안정된 포석 흐름이다.

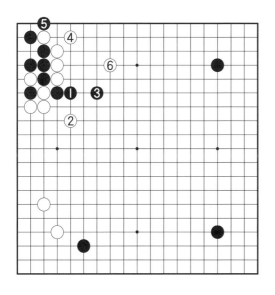

18도(추격하는 수순)

앞 그림 백2 때 흑1로 당장 움직이면 백은 2 다음 4, 6의 수순으로 추격하며 국면을 주도한다.

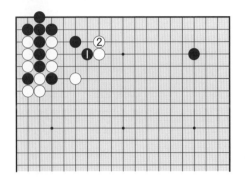

▦ 장면

이 장면(본형 7도 참조)에서 흑1로 붙일 때 백2로 강경하게 근거를 공격하는 경우 이후 변화에 대해 AI의 관점에서 알아보자.

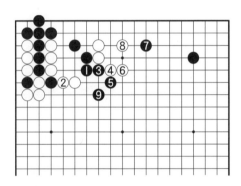

1도(간명한 전투 행마법)

우선 흑1의 진출은 당연하며 백2의 수비도 견실한 태도이다.

이후 9까지 AI가 제시하는 간명한 전투 행마법이며 서로 어렵다.

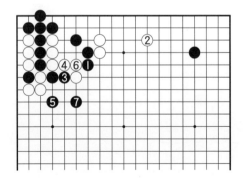

2도(중앙 백의 분단)

흑1에 백2부터 벌리면 흑3으로 추궁해서 7까지 중앙 백이 분단되어 약간이라도 흑이 편한 싸움이다.

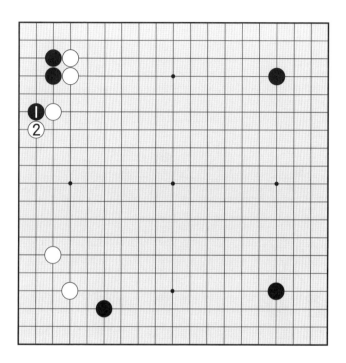

　좌상귀 정석 과정에서 무난한 변화를 피해 흑1로 붙이고 백2로 막으면 어려운 길로 접어든다.

　여기서 파생되는 핵심 변화들이 포석에서는 어떻게 적용되는지 알아본다.

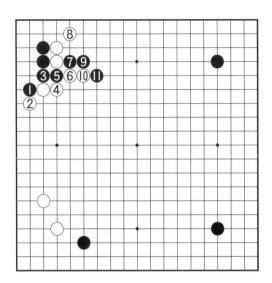

1도(상용 수순)

흑1에 백2로 막으면 6
까지는 필연이며 다음
흑이 어느 쪽을 끊느냐
에 따라 갈래 길이 나
온다. 흑7쪽을 끊은 후
11까지 실전에 많이 나
오는 정석 수순이므로
기억해둔다.

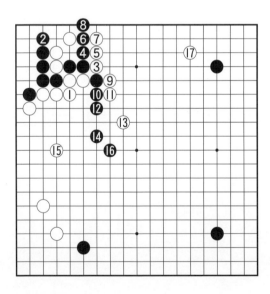

2도(귀와 변의 대결)

이다음 백1로 약점을
이으면 흑2의 보강도
필수이며 백3에 끊고 8
까지도 필연이다.

　백이 실리는 허용했
지만 9 이하로 몰면서
15로 좌변을 지키고 17
로 상변도 키우면 충분
한 국면이다.

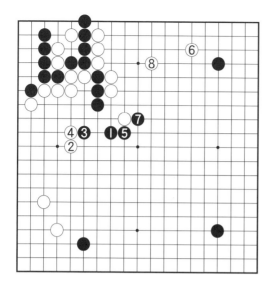

3도(날일자 행마)

앞 그림 백13 때 흑1의 날일자 행마는 중앙에 힘을 주겠다는 뜻인데, 백2 이하 서로 싸움을 피하며 8까지 되면 백이 약간 편한 정도이다.

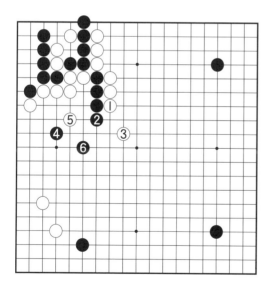

4도(좌변 싸움)

2도 흑12 때 백1로 하나 더 밀고 3으로 진출하면 상중앙 모양에 끊어질 약점은 없지만 흑이 4, 6으로 좌변에 진입하며 충분히 싸울 수 있다.

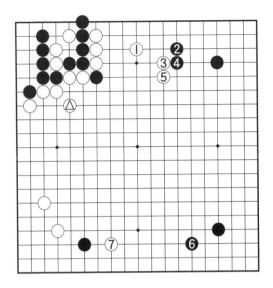

5도(호구로 잇는 경우)

1도 다음 백△의 호구로 잇고 2도 8까지의 수순을 밟은 후 백1로 벌리면 가장 무난하다.

흑2 이하 6으로 굳혀 실리로 앞서지만 백도 7로 협공하며 국면을 주도하면 충분히 맞서는 진행이다.

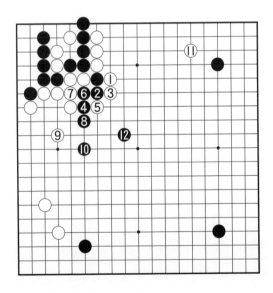

6도(흑, 활발)

이 시점에서 백이 상변에 벌리지 않고 1, 3으로 몰면 흑4의 곳이 맥점이 되어 백 모양이 엷어진다.

이하 12까지 AI가 보여주는 변화인데 흑이 활발한 흐름이다.

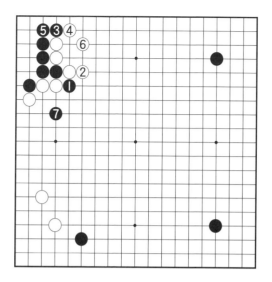

7도(효율적 급소)

거슬러 올라가, 1도 백 6 때 흑1로 좌변 쪽을 끊는 경우라면 6까지 보편적인 진행이며 흑7 이 허술하지만 모양을 정리해가는 효율적 급소이다.

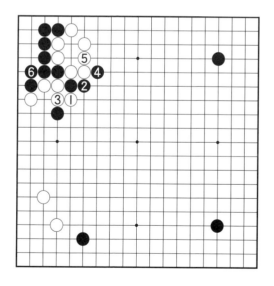

8도(백, 불리)

이때 백1, 3으로 나가는 것은 흑4를 선수하고 6으로 귀를 이으면 모양이 엷은 백이 불리한 진행이다.

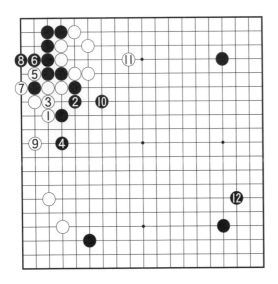

9도(흑, 중앙 압도)

7도 다음 백1의 호구가 정수인데 흑2에 백3으로 잇는 것은 잘못된 대응이다.

흑4로 좌변을 압박한 후 12까지 AI가 보여주는 변화인데, 흑이 중앙을 압도하며 단연 우세한 흐름으로 본다.

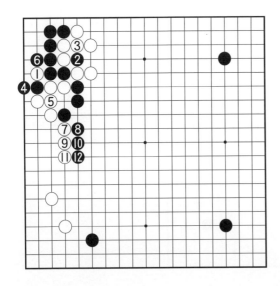

10도(흑의 꼼수)

앞 그림 흑2 때 백1의 단수가 정수이다. 흑2의 활용 다음 4는 조임을 노리지만 꼼수에 가깝고 백5의 이음은 기회를 잃은 실수이다.

흑6으로 잡은 후 12까지 AI의 변화도인데 흑이 귀와 중앙을 정리해서 충분한 국면이다.

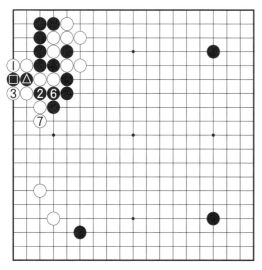

④‥▲ ⑤‥■

11도(정교한 수순)

앞 그림 흑4 때 백1로
잡고 흑2 이하 6으로
조이면 백이 잇지 않고
7로 나가는 것이 정교
한 수순이다.

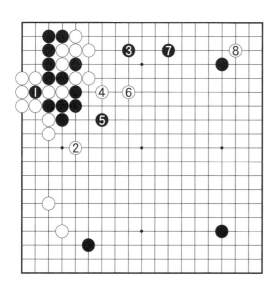

12도(백, 우세)

이다음 흑1로 따낼 때
백2로 보강하면 더불어
흑 전체가 미생이다.

　이하 8까지는 AI의
변화도인데, 백이 우세
한 흐름으로 본다.

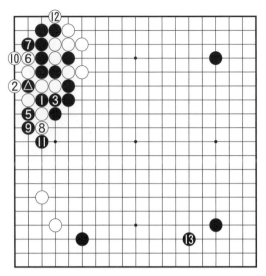

④‥❹

13도(올바른 조임)

10도 백3 때 그냥 흑1, 3으로 조이고 5 이하 9로 끊어 나가는 것이 올바른 수순이다.

백10으로 귀와 수상전은 백승이지만 흑11의 두점 제압이 선수이고 13으로 굳히면 귀는 잡혀도 흑도 두터워 형세는 어울렸다.

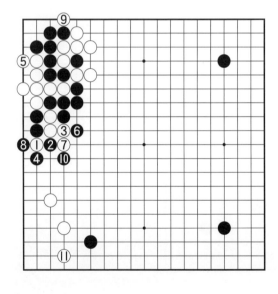

14도(흑, 활발)

앞 그림 흑9 때 백1, 3을 활용하고 5로 귀를 잡으면 10까지 흑이 후수가 된다.

백11로 지키면서 축머리 활용도 남았지만 잡힌 백의 덩치가 커진만큼, AI 안목에서 흑이 활발한 형세로 본다.

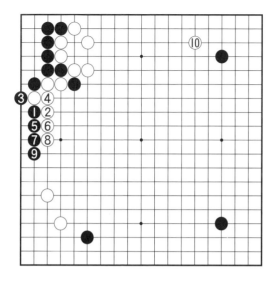

15도(흑의 일책)

7도 백6 때 흑이 귀를 지키자면 1의 껴붙임이 하나의 방안이다.

이하 10까지 AI의 유력한 변화인데, 흑이 저자세이지만 좌변에 진입했고 백도 두터움을 배경으로 상변을 키워 어울린 형세이다.

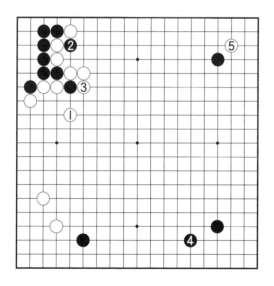

16도(백, 능동적 방안)

7도 흑5 때 백1로 좌변을 보강하는 것도 능동적 방안이다. 흑2로 끊어 상변에 손실을 입지만 백3으로 중앙을 제압하면 충분한 보상이다. 다음 흑4의 굳힘과 백5의 침입은 AI의 일순위 큰 자리.

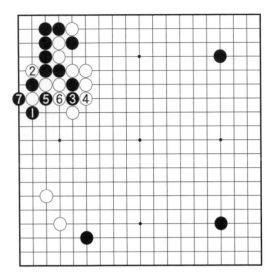

17도(껴붙이는 맛)

이 모양에서도 흑1로
껴붙이는 맛이 남아있
다. 이때 백2로 잡으면
흑3으로 나간 후 5로 끊
는 맥으로 7까지 귀쪽
백 두점이 되려 잡힌다.
그사이 백이 중앙 두점
을 잡고 두터워졌지만
실리 손실을 입은 만큼
미흡한 결과이다.

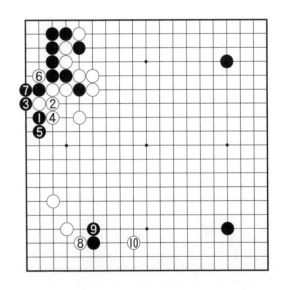

18도(좌변이 뚫린 대가)

흑1에는 백2로 물러선
후 7까지가 무난하며 8,
10으로 공격해서 좌변
이 뚫린 대가를 구하면
AI 안목에서 거의 대등
한 국면이다.

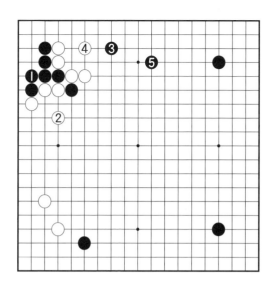

19도(흑의 일책)

7도 백2 때 흑1로 좌변 쪽을 잇고 싸우는 것도 일책이다.

백2로 지키면 흑3에 다가서고 백4와 흑5로 지키면 서로 무난한 흐름이다.

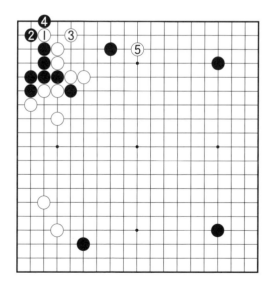

20도(백, 국면 주도)

앞 그림 흑3 때 백1의 젖힘은 흑2로 받으면 백3으로 호구쳐서 효율적으로 방어하려는 뜻이다. 흑4에 백5로 협공하면 백이 국면을 주도해서 충분하다.

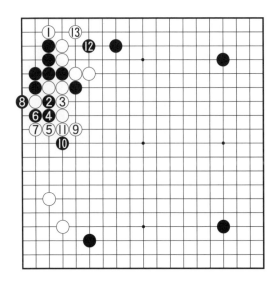

21도(효율적 공방)

백1에는 흑도 2로 끊어 귀를 선수로 살아두고 이하 12로 급소를 공격하는 것이 효율적이다.

백은 그냥 잇는 것보다 13의 호구가 탄력적 방어이다.

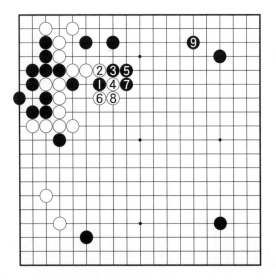

22도(약점 압박의 급소)

이다음 흑1은 약점을 최대한 압박하는 급소이다.

이때 백2, 4로 끊으면 흑5로 물러선 후 9까지 상변에 진영을 구축해서 흑이 약간 편한 국면이다.

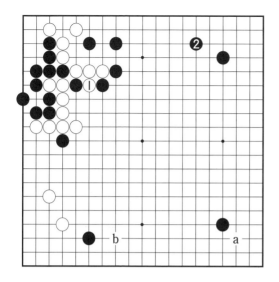

23도(무난한 변화)

앞 그림 흑3 때 백도 1로 물러서는 것이 무난하며 흑2로 지키면 어울린 형세이다.

AI는 백의 다음수로 a의 침입이나 b의 협공을 추천한다.

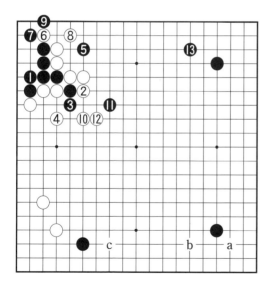

24도(백, 유력한 방안)

거슬러 올라가, 흑1로 이을 때 백2의 단수도 유력한 방안이다.

흑3에 나간 후 13까지 AI의 변화도인데 다음 백이 a~c 중 어디를 두더라도 국면을 주도하는 흐름으로 본다.

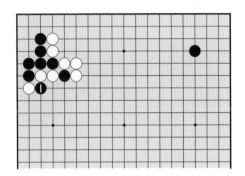

▦ 장면

이 장면(본형 24도 참조)에서 흑1로 끊으면 백이 어떻게 대응할지 생각해보고 AI의 형세 진단도 알아보자.

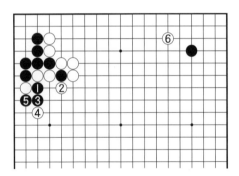

1도(백, 활발)

흑1에는 백2로 잡는 것이 간명하며 두텁다. 흑3에는 백4를 활용한 후 6으로 상변을 넓히면 AI의 진단은 백이 활발하다고 본다.

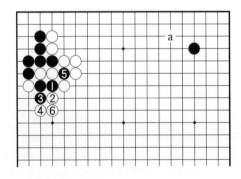

2도(좌변 정리)

앞 그림 백2 때 흑1로 단수 쳐도 백이 a로 전환하면 활발한데, 달리 백이 2 이하 6까지 좌변을 정리해도 충분한 국면이라고 본다.

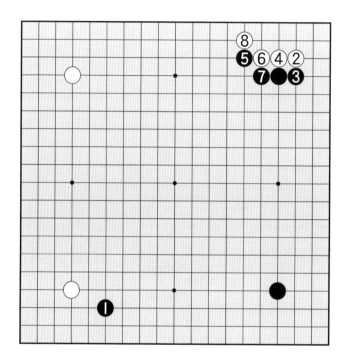

양화점 포석에서 흑1의 걸침에 백이 받지 않고 2의 3
三침입으로 전환하는 것도 실전에 많이 등장하는 능동
적 전략이다. 흑3에 막은 후 8까지는 보편적 수순인데
이후 포석 변화에 대해 알아본다.

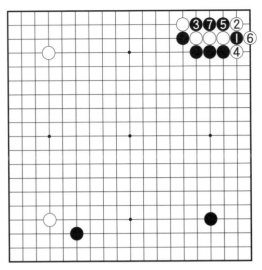

⑧‥❶

1도(백의 대응)

기본형 다음 흑1, 3으로 많이 두는 정석을 즉각 시도하면 백은 4로 잡고 8까지 대응한다.

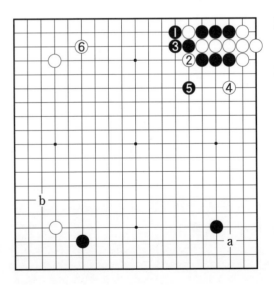

2도(모양 견제의 굳힘)

이다음 흑1로 잡고 백2, 4에 흑은 축이 불리하므로 5의 날일자가 보통인데, 상변만 보면 백6의 굳힘이 흑 모양을 견제하는 요소이다.

참고로 AI는 백a와 b도 6에 못지않은 자리로 본다.

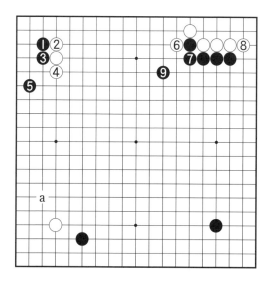

3도(주도적 발상)

기본형 다음 흑1의 3三
침입으로 전환하는 것
이 AI시대의 주도적 발
상이다. 이하 9까지 실
전에 많이 나오는 변화
인데, 흑9로는 a의 양
걸침도 일책이다.

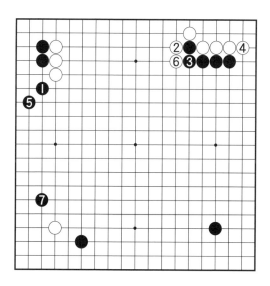

4도(요소 밀어올림)

앞 그림 백4 때 흑1로
뛰는 경우 백2, 4로 보
강한 다음 흑5로 지키
면 백6의 밀어올림이
요소이다.

　흑도 7의 양걸침으
로 주도할 수 있지만,
상변 발전성이 높은 백
이 약간 편한 국면이다.

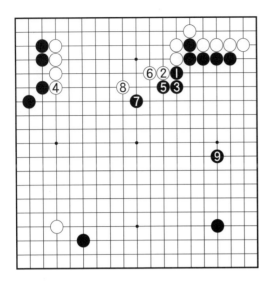

5도(흑, 위험한 발상)

앞 그림 백6 때 흑1의 젖힘은 위험한 발상이다. 백2로 젖힌 후 9까지 AI의 변화도인데, 흑도 우변을 키우지만 상변 백 진영이 자연스럽게 확정가가 되면 흑이 대세에 밀린다.

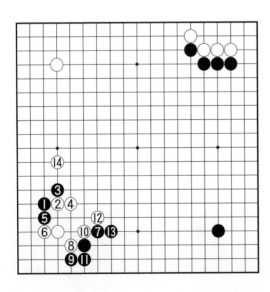

6도(양걸침 이후)

흑이 공격적 성향이라면 1의 양걸침부터 둔다. 백2에 흑3, 5 다음 7의 마늘모는 예전에 많이 사용하던 정석인데, 백이 12까지 유연하게 대응하고 나서 좌변 14로 공격하면 AI 안목에서 백이 활발한 흐름으로 본다.

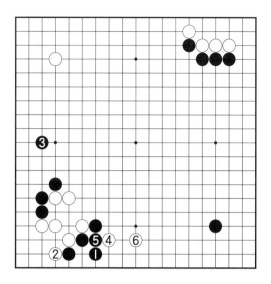

7도(백, 좌변 주도)

앞 그림 백10 때 흑1의
양호구로 정돈하고 백2
에 흑3으로 좌변을 지
키는 방안도 있지만 백
4, 6으로 하변을 주도
하면 역시 백이 활발한
흐름으로 본다.

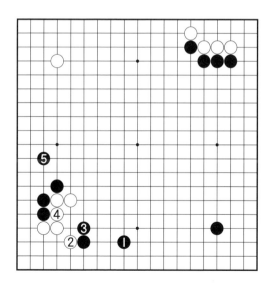

8도(흑, 안정적 벌림)

6도 백6 때 AI는 흑1
의 두칸벌림이 안정적
이라고 본다. 백이 2, 4
로 귀를 지켜 불안요소
는 없지만 흑도 5로 양
쪽을 벌려 비교적 무난
한 변화이다.

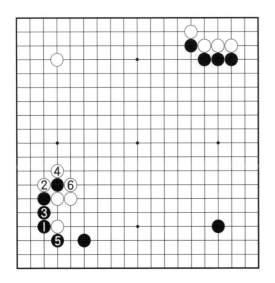

9도(진화된 공략법)

6도 백4 때 흑1의 붙임이 진화된 귀의 공략법이다. 이때 백이 지금처럼 축이 유리하다면 2로 끊은 후 6까지 두텁게 한점을 잡아도 충분하다.

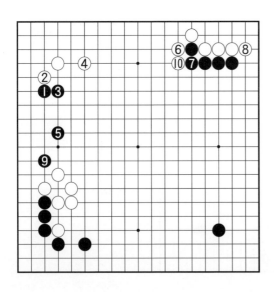

10도(상변 발전성)

이다음 흑1로 걸치면 백2, 4로 대응한 후 10까지 AI의 유력한 변화인데 귀로부터 상변 일대가 견실해서 발전성이 높은 백이 약간 편하다고 본다.

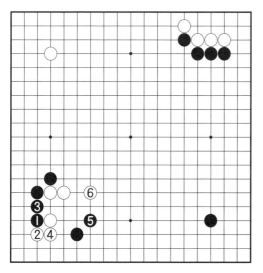

11도(귀를 중시하는 경우)

흑1에 백이 귀를 중시
하면 2, 4로 받는 것이
보편적이다.

다음 흑5의 마늘모
는 공격적 행마이며 백
6의 뜀은 양쪽 흑을 노
리는 무난한 대응이다.

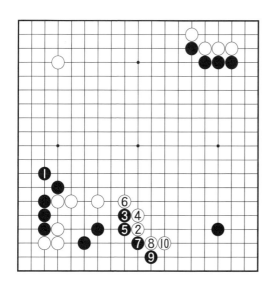

12도(효율적 정리법)

이다음 흑1로 좌변을
지키면 백2로 하변을
공격한다.

흑3으로 나간 후 10
까지는 모양을 효율적
으로 정리하는 무난한
변화이다.

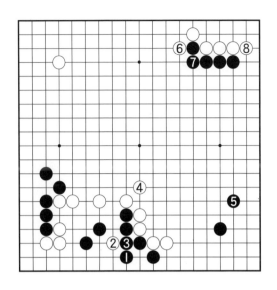

13도(무난한 변화)

이다음 흑이 무난하게 두자면 1로 자신부터 지킨 후 백2, 4에 흑5로 굳힌다.

이 진행은 백도 8까지 중앙과 우상귀를 견실하게 보강해서 서로 어울렸다.

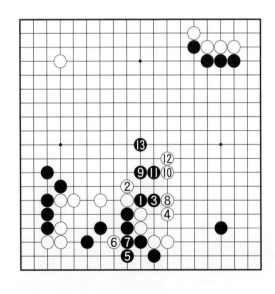

14도(흑, 능동적 끊음)

12도 다음 흑1로 끊어 놓는 것이 능동적 행마이다.

이하 13까지 되면 AI 안목에서 흑이 약간 활발한 싸움으로 본다.

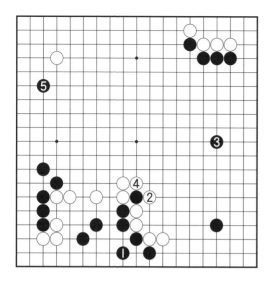

15도(싸움을 피할 때)

앞 그림 백2 때도 흑이 굳이 싸움을 피하자면 1부터 지킬 수 있다.

백2로 잡을 때 흑3의 벌림은 축머리도 겸하며 5로 걸치면 흑이 주도하는 국면이다.

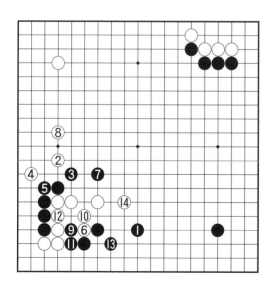

16도(수비 겸하는 급소)

11도 다음 흑1로 하변부터 지키면 이번에는 백2로 좌변을 공격한다. 흑3에 나가면 백4를 활용한 후 6의 껴붙임이 수비를 겸하는 급소로 기억해둔다.

이하 14까지 AI의 변화도인데 서로 팽팽한 싸움이다.

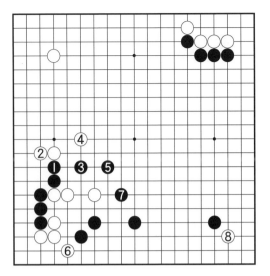

17도(흑, 치받고 나감)

앞 그림 백2 때 흑1, 3
으로 치받고 나가는 것
도 AI가 권하는 힘찬 수
법이다.

이하 7까지 정리되
고 백8의 침입으로 전
환하면 서로 어울린 진
행으로 본다.

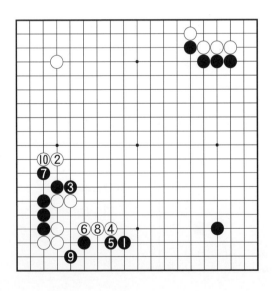

18도(두칸벌림 이후)

11도 백4 때 흑1의 두
칸벌림이면 안정적이
다. 백2로 협공한 후 10
까지는 많이 두는 상용
수순이다.

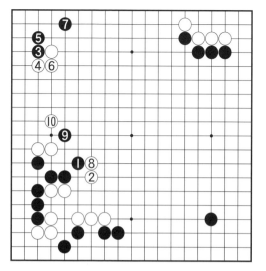

19도(마늘모 행마 이후)

이다음 흑1의 마늘모는 탄력적 행마이며 백2의 배후 받음도 요소이다.

흑3의 붙임은 좌변 모양을 견제한 행마이며 이하 10까지 AI의 유력한 변화인데, 흑은 실리를 점했지만 백도 공격하면서 모양을 키워 충분하다.

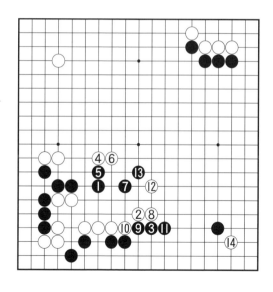

20도(팽팽한 싸움)

18도 다음 흑1로 뛰는 경우는 백2, 4가 AI의 유력한 공격 행마이다.

흑5, 7로 대응할 때 백8로 밀어 이하 13까지 된 다음 백14의 침입으로 전환하면 팽팽한 싸움으로 본다.

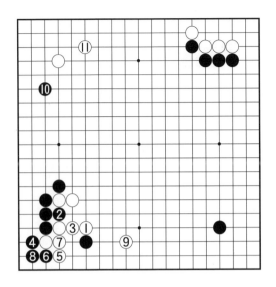

21도(백, 간명책)

11도 흑3 때 간명한 변화를 원한다면 백1로 붙인 후 9까지 정석 수순이다.

다음 흑이 좌변을 살려 10으로 걸치고 백11로 받으면 서로 무난한 변화이다.

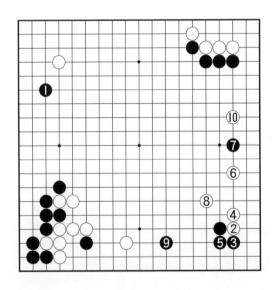

22도(기습 붙임)

흑1에 백이 받지 않고 2의 기습 붙임도 일책이다. 이하 9까지 서로 안정하고 나서 백10의 침입은 AI의 화려한 변화인데 거의 대등한 싸움이다.

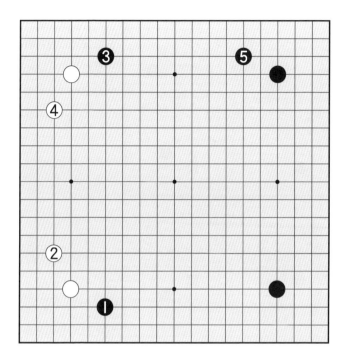

　양화점 포석에서 흑1, 3으로 양쪽에서 걸침만 해놓고 백이 모두 받을 때 흑5로 한쪽을 굳힌 장면이다.

　걸침을 활용해서 국면 전체를 능률적으로 이끌려는 입체적 전략인데, AI의 관점에서 이후 변화에 대해 알아본다.

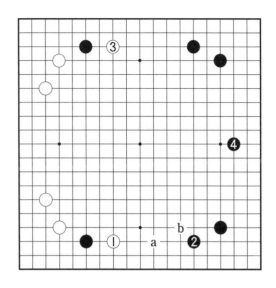

1도(협공과 모양 대결)

기본형 다음 백1, 3의 협공과 흑2, 4의 모양 구축은 서로 유리한 고지를 점하기 위한 방안인데 AI는 대등한 형세라고 본다.

다음 백은 a의 벌림이나 b의 어깨짚음으로 풀어가는 것이 보편적이다.

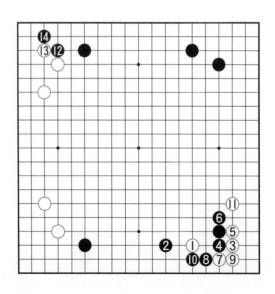

2도(걸침 이후)

기본형 다음 백1의 걸침이면 흑2의 협공이 우선이다.

이하 11까지는 평범한 정석이며 다음 흑이 귀쪽 12, 14로 파고드는 것이 AI시대의 일반적인 포석 진행이다.

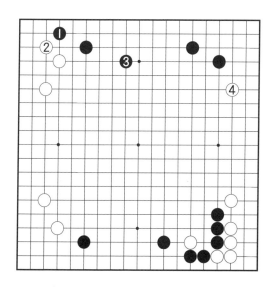

3도(변의 모양 구축법)

이 포진에서 상변만 보자면 흑1, 3의 모양 구축도 AI가 알려주는 수법이다.

다음 백4로 걸치면 거의 대등한 국면이다.

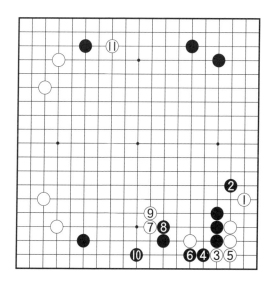

4도(백의 일책)

2도 흑6 때 백1의 날일자 행마도 일책이다. 흑2로 압박하면 백3, 5를 선수해놓는다.

다음 백7의 어깨짚음은 하변 견제를 위함인데 흑8, 10으로 대응하면 백11의 협공으로 전환해서 백의 속력 행마가 볼만하다.

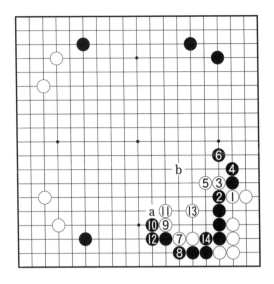

5도(백, 끊고 싸움)

앞 그림 흑6 때 백1, 3
으로 끊고 싸울 수 있
다. 이하 14까지 유력
한 변화이며, 다음 백은
a나 b로 보강해서 모양
을 정리하면 대등한 형
세이다.

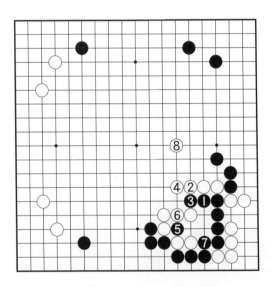

6도(백, 활발)

이 장면에서 흑1로 강
하게 나오면 백2 이하
6으로 물러서는 것이
선수이다.

　흑7의 보강은 필연
이고 백8로 중앙을 달
리면서 우변을 노리면,
AI 안목에서 백이 활발
한 국면으로 본다.

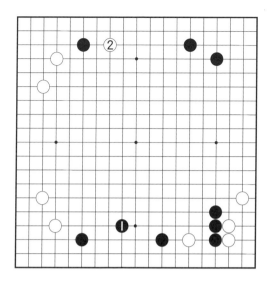

7도(안정적 모양 구축)

이 시점에서 흑이 하변부터 지키자면 1의 눈목자가 안정적 모양 구축이다.

　백도 2로 협공하면 충분하며 형세는 어울렸다.

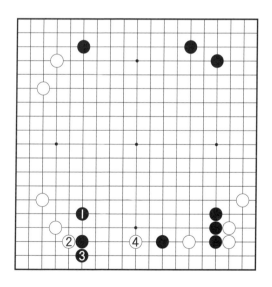

8도(흑의 부담)

흑1로 하변을 넓히는 것은 능동적 구상이지만 백2, 4로 침입할 여지도 생겨 흑의 부담으로 작용한다.

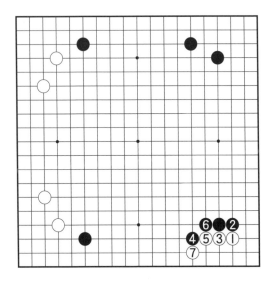

9도(추세는 3三침입)

처음으로 돌아가서, 추세에 따른다면 백1의 3三침입이 유망하며 이하 7까지 보편적인 수순이다.

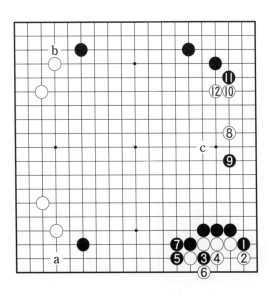

10도(무난한 변화)

이다음 흑1, 3의 끊음은 귀를 정리하는 방안이며 이하 12까지 되면 무난한 포석 변화이다. 다음 흑은 a~c 등이 큰 자리로 기억해둔다.

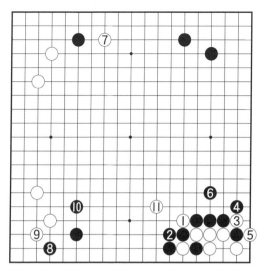

11도(삭감 자리로 추천)

앞 그림 흑5 때 백1로 끊어 중앙에 움직이는 맛을 남겨놓고 3, 5로 오른쪽을 잡을 수도 있다. 흑6에 지키면 백7 협공이 좋은 자리이다. 흑8. 10으로 하변 모양을 키우면 AI는 백11을 1과 연동해서 삭감 자리로 추천한다.

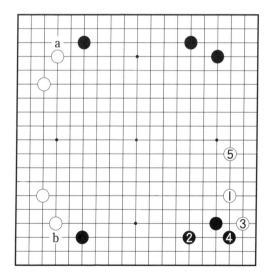

12도(옛날 정석에서)

백1로 우변에서 걸치는 경우 흑2로 받고 나서 5까지 옛날 정석이 사용되면 결과는 서로 무난하다.

다음 흑a나 b로 귀에 파고드는 진행이 보편적이다.

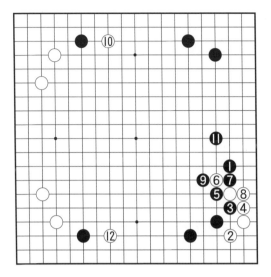

13도(우변 두터움)

앞 그림 백3 때 흑1의 협공이 주도적이다. 이하 9까지 익히 알려진 정석 수순인데 AI의 진단은 백10, 12로 협공을 가해도 우변에 구축된 모양이 두터워서 흑이 활발하다고 본다.

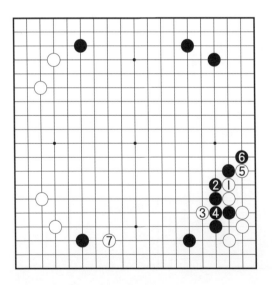

14도(특유의 행마법)

앞 그림 흑5 때 백이 1로 헤딩하며 5까지 선수해놓고 7로 협공하는 것이 AI 특유의 행마법인데 흑이 약간 편한 정도라고 본다.

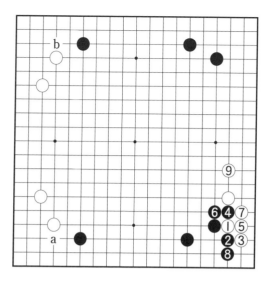

15도(안정적 한칸벌림)

12도 흑2 때 백1, 3으로 AI정석을 구사하는 것이 우선이다. 이하 흑 8 때 우상 흑진이 대기하고 있는 이런 포진에서는 백9의 한칸벌림이 안정적이다.

다음 흑a나 b로 귀에 파고드는 진행이면 보편적이다.

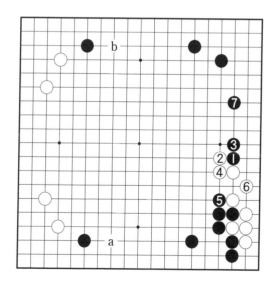

16도(능동적 도발)

앞 그림 백9 다음 흑1의 헤딩은 AI의 능동적 도발인데 이하 7까지 한껏 압박해서 우변을 효율적으로 지키겠다는 발상이다.

다음 백a나 b로 협공하는 포석 흐름이 예상되지만 흑이 치열하게 둔만큼 약간 활발하다.

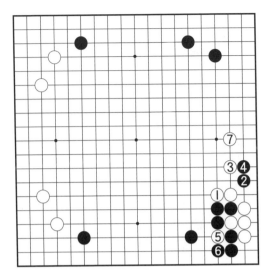

17도(배석의 영향)

15도 흑8 때 백1이 보편적 행마이지만 우상 흑진이 대기할 때는 배석의 영향을 받아 백이 국면을 주도하기가 어렵다.

우선 흑2로 들여다본 후 7까지 상용 수순을 밟아본다.

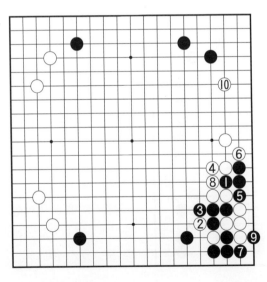

18도(백, 우세)

이다음 흑1에는 백2, 4가 절대 수순이다.

이때 흑5로 끊어 귀의 넉점을 잡으면 백이 10까지 바깥을 조이며 우변을 두텁게 경영해서 우세한 흐름이다.

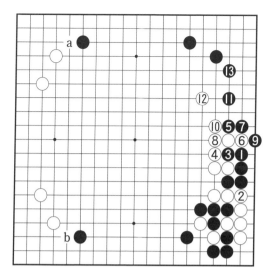

19도(백, 활발)

앞 그림 백4 때 흑도 일
단 변쪽으로 나가야 하
는데 1로 늘면 백2의 이
음은 당연하다.

흑3, 5의 껴붙임이
맥인데 다음 7, 9로 넘
고 13까지 되면 중앙 백
이 두텁다. 백은 a나 b
로 붙이면서 활발한 흐
름을 이어갈 것이다.

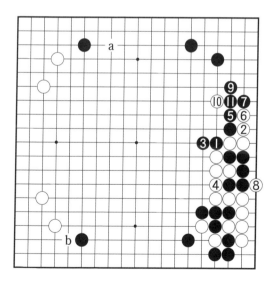

20도(절대 끊음)

앞 그림 백6 때 흑1의
끊음은 절대이다. 백2
로 나간 후 11까지의 변
화가 필연인데 백은 우
변 다섯점을 포획하고
흑은 우상변이 두터워
서 형세가 어울렸다.

AI는 다음 백이 a나
b로 전환하면 약간 편
한 정도라고 본다.

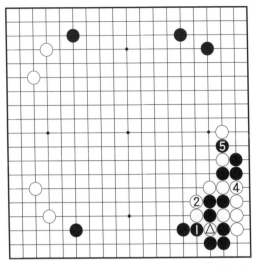

3 · **△**

21도(우변 돌파)

18도 백2 때 차라리 흑은 1로 따내고 백2, 4에 흑5로 돌파해서 싸우는 것도 우상이 흑진인 포진에서는 유력하다.

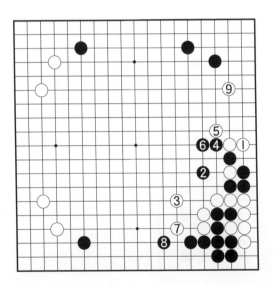

22도(흑, 활발)

이다음 백1로 우변을 중시하면 이하 9까지 AI의 유력한 변화인데, 백이 양쪽을 수습했지만 모양이 엷어 흑이 활발한 흐름으로 본다.

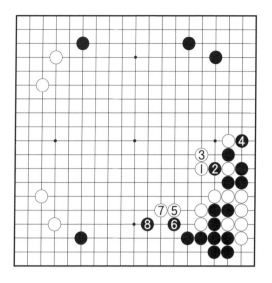

23도(유연한 중앙 경영)

21도 다음 백은 1부터 중앙을 다스려 가는 것이 유연하다.

흑도 8까지 우변과 하변을 실속 차리며 방어하면 충분하며 서로 어울린 형세이다.

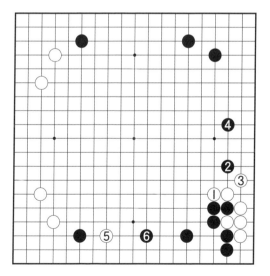

24도(유연한 공격 행마)

거슬러 올라가, 백1에 흑2로 다가서는 것도 유연한 공격 행마이다.

백3에 지키면 흑4로 벌리고 백5의 협공에도 흑6에 벌리면 치열하게 싸우지 않고도 무난한 흐름을 견지하며 흑도 충분하다.

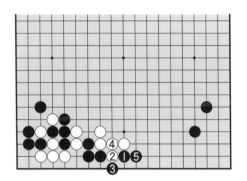

장면

이 장면(본형 19도 참조)에
서 흑은 1로 붙이고 5까지
나가 싸울 수 있다.

유력한 발상이지만 세련
된 운영 기술이 필요하다.
핵심 변화에 대해 알아보자.

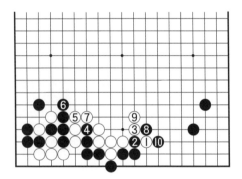

1도(봉쇄가 어렵다)

백1로 씌우고 싶지만 봉쇄
가 어렵다. 흑2, 4로 나간
후 8, 10으로 한점을 잡으
면 흑이 활발한 국면이다.

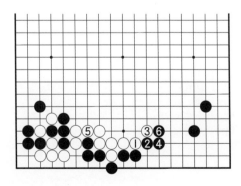

2도(흑, 귀와 연결)

백은 1, 3을 선수한 후 5로
약점을 돌보며 정리하는 정
도인데 귀와 연결된 흑이 6
에 밀면 약간이라도 편한 국
면이다.

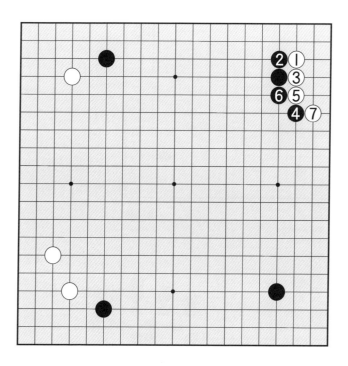

이번에는 흑이 양쪽에서 걸칠 때 백이 한쪽을 손빼고 1로 3三에 침입한 장면이다. 흑의 입체 전략에 대응해서 백이 선제적으로 국면을 주도하려는 뜻이 있다. 이하 7 까지 실전에 많이 사용되는 무난한 수순이며, 이후 포석 변화에 대해 알아본다.

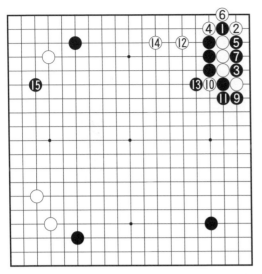

⑧‥❶

1도(흑, 두터움)

흑1, 3에 백4로 귀쪽 한
점을 잡고 이하 흑11 때
단순히 백12로 변에 진
출하면 흑13으로 축이
성립된다.

다음 AI는 백14로 지
키고 흑15의 양걸침을
제시하고 있는데, 흑이
두터운 만큼 약간 활발
한 흐름이라 본다.

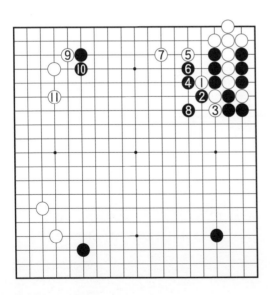

2도(축을 피하는 방안)

앞 그림 흑11 때 백1의
젖힘이 축을 피하는 방
안이며 이하 8까지 보
편적인 정리 수순이다.

다음 백9, 11의 공격
으로 전환하면 서로 무
난한 형세이다.

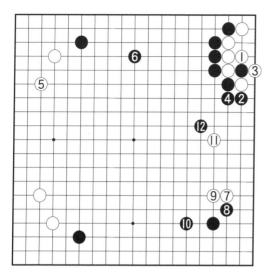

3도(흑, 모양 확대)

1도 흑3 때 백1로 잡고 흑2, 4로 정리되면 간 명하다. 백5로 받은 후 11까지 무난한 변화인 데, 상변 모양을 토대로 흑12로 중앙을 넓히면 국면은 흑이 주도하는 분위기이다.

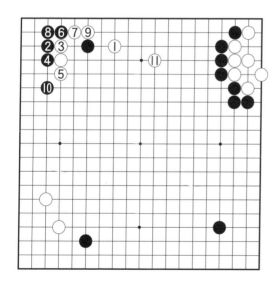

4도(한칸협공에 3三침입)

앞 그림 흑4 때 백이 주 도적으로 두려면 상변 에서 협공을 생각해야 한다.

백1의 한칸협공이 대 표적인데, 이때 흑2의 침입이면 간명하지만 이하 11까지 되면 상변 을 장악한 백이 약간 활 발한 국면이다.

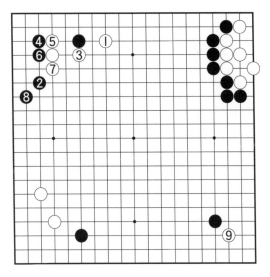

5도(한칸협공에 양걸침)

백1에 흑도 능동적으로 두자면 2의 양걸침이 하나의 방안이다.

이하 8까지는 간명한 정석 변화인데, 다음 백9로 전환하면 거의 대등한 형세이다.

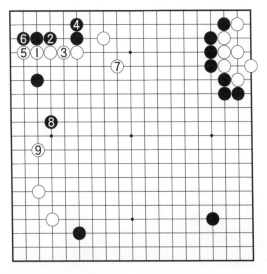

6도(공격적 국면 유도)

앞 그림 흑4 때 백1쪽에서 막은 후 9까지는 AI의 유력한 변화인데, 형세는 비슷하지만 백이 공격적으로 국면을 유도한다.

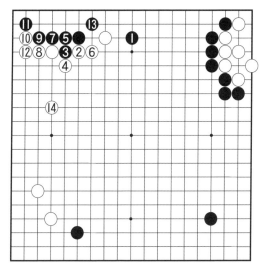

7도(효율적 좌변 모양)

이 장면에서 AI는 우상 두터움을 활용한 두 가지 효과적 안도 제시한다. 우선 흑1의 협공을 겸한 벌림인데 백2로 막은 후 12까지는 상용 수순이다. 이때 흑이 바로 13에 지키면 백14로 벌려 좌변 모양이 효율적이다.

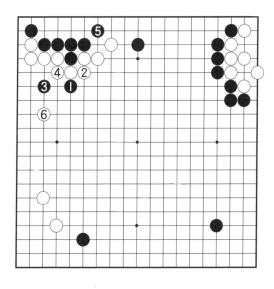

8도(흑, 효율적 활용)

앞 그림 백12 다음 흑은 1, 3으로 활용한 후 5의 지킴이 효율적 수순이다.

백이 6으로 다가서서 적극적으로 대응하지만 좌변 운영이 자유롭지 못한 것은 흑의 활용 덕분이다.

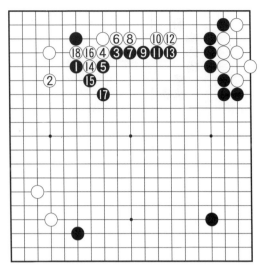

9도(흑, 뛰어나가 싸움)

이 장면에서 또 하나의 효과적 안은 흑1로 뛰어나가 싸우는 것이다.

백2에 흑3으로 씌우는 경우 백4, 6으로 밀어가면 이하 18까지는 거의 필연이다.

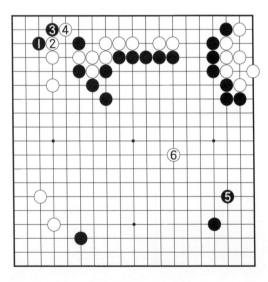

10도(중앙 삭감)

이다음 흑1, 3으로 귀에 사는 맛을 남겨놓고 5로 굳히면 거대한 모양이 형성된다.

AI의 관점에서 이 진행은 백도 중앙 6 근처에서 삭감하면서 실리로 대항하면 충분하며 백이 약간 편한 정도로 본다.

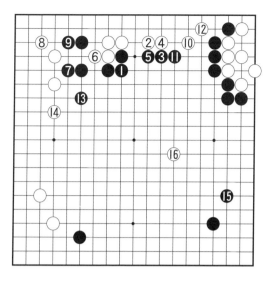

11도(비슷한 맥락)

9도 백6 때 흑1의 이음
도 일책이다.

다음은 AI의 유력한
변화인데 앞 그림과 비
슷한 맥락으로 중앙 백
16의 삭감이 긴요하며
실리와 세력 대결이다.

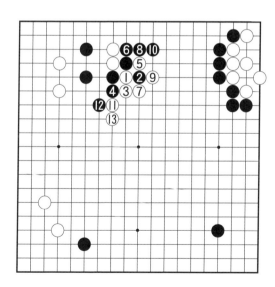

12도(백, 중앙 활발)

9도 흑5 때 백1의 끊음
도 생각할 수 있다. 이
때 축이 유리한 흑이 2,
4로 몰면 백5, 7로 대
응해서 13까지 백이 두
점은 잡혔지만 중앙에
서 활발한 모양이다.

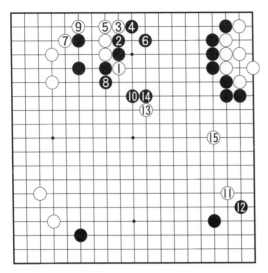

13도(중앙 두터움)

백1에는 흑2로 막는 것
이 효과적이다. 백이 3
으로 젖힌 후 9까지 귀
와 연결하며 실속을 차
렸지만 흑10으로 제압
해서 중앙이 두텁다.

백11로 걸치며 15까
지 견제하지만 흑이 공
격하며 국면을 주도하
는 분위기이다.

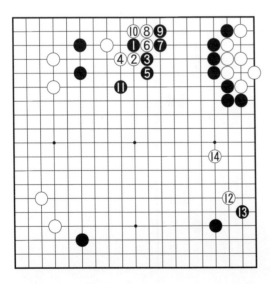

14도(흑, 유력한 협공)

9도 백2 때 실리와 세
력의 극단적 대결을 피
하려면 흑1의 협공이
유력한 방안이다.

백2, 4가 유연한 대
응이며 흑은 11까지 변
에 삶을 허용하고 중앙
을 제어한다. 백도 12,
14로 모양을 견제하며
형세는 어울렸다.

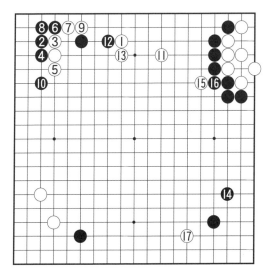

15도(백, 두칸협공)

거슬러 올라가 3도 흑4 때 백1의 두칸협공에 대해서도 알아보자.

흑2의 3三침입이면 간명한데, 백도 11까지 상변에 모양을 잡으면 안정적이다. 흑12는 뒷맛을 위한 활용이며 이하 17까지 형세는 어울렸다.

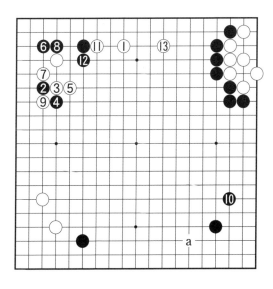

16도(양걸침 이후)

백1에 흑2의 양걸침이면 백3쪽 붙임이 보편적이며 이하 13까지 AI는 무난한 변화를 보여준다.

수순 중 흑10의 굳힘은 이 배치에서 a쪽 굳힘보다 가치가 높다고 본다.

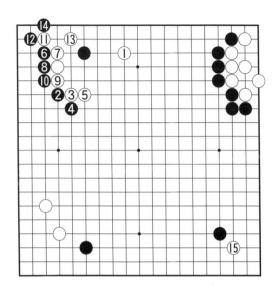

17도(높은 양걸침 이후)
백1에 흑2의 높은 양걸
침이면 백3으로 붙인
후 14까지 많이 두는 수
순이다.

　AI는 다음 백이 15
의 침입으로 전환하면
충분하다고 판단한다.

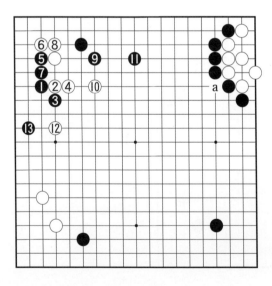

18도(흑의 능동적 구상)
3도 백3 때 흑이 받지
않고 1의 양걸침으로
전환하는 것도 능동적
구상이다. 이하 상용 수
순을 거쳐 백10 때 a의
약점이 있는 흑은 상변
11의 지킴이 우선이며
백12의 협공에 흑13으
로 간명하게 정리해도
충분하다.

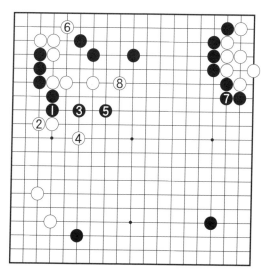

19도(흑, 중앙 진출)

앞 그림 백12 때 흑이 중앙으로 나갈 때는 흑 1을 디딤돌로 해서 3, 5로 뛰는 것이 효율적 이다. 이하 8까지 무난 한 변화인데 이 과정에 서 흑이 우변 약점도 지 켜 충분하다.

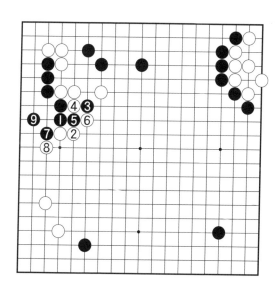

20도(중앙 봉쇄)

흑1에 백이 중앙을 봉 쇄하려면 위쪽 2로 늘 고 흑3에 나가려 해도 끊고 버티면 이하 9까 지는 필연이다.

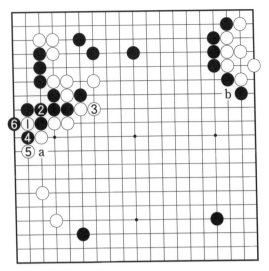

21도(간명한 수순)

이다음 백1, 3으로 지
킬 때 흑4, 6으로 한점
을 잡아두면 간명하다.

다음 백이 a로 잇거
나 b쪽으로 우변 한점
을 잡는 것은 작은 실
리에 불과하다.

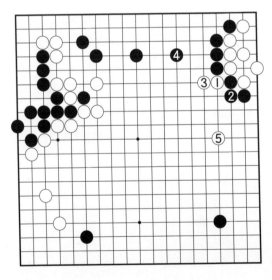

22도(어려운 길)

백이 우변 약점을 공략
하려면 1로 위쪽을 끊
고 5까지 씌워서 싸우
는 것이 효과적이다.

이 진행은 흑도 상변
을 지키고 싸우는 만큼
충분하며 서로 어려운
길로 접어든다.

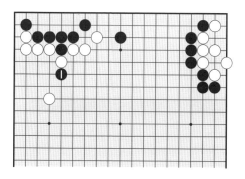

▥ 장면

이 장면(본형 7도 참조)에서 흑1로 활용을 빙자하며 도발해오면 흑이 어떻게 대응할지 생각해보자.

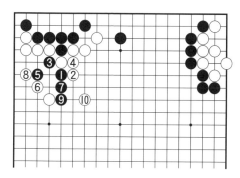

1도(중앙 호구침)

흑1로 껴붙이면 백2로 중앙에서 호구치는 것이 강수이다. 흑3, 5로 진입하면 백6의 붙임이 급소이며 8로 넘고 10으로 공격해서 백이 약간은 편한 싸움이다.

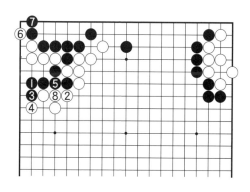

2도(수상전 백승)

앞 그림 백6 때 흑1로 들어오면 백2로 차단해서 귀와 수상전인데 이하 8까지 흑이 잡히는 결과이다.

바둑 일류의 심오하고 창조적인 판세 읽기

진격의 중반전

352쪽 | 목진석 감수 · 이하림 편저

바둑의 드라마틱한 중반전에 프로 일류는 어떻게 판세를 읽어가는가? 프로 고수의 실전보에서 재료를 발췌해 중반의 긴 과정을 따라가면서, 형세판단을 곁들여 나타날 수 있는 다양한 장면들을 보여준다.

이기는 바둑 시리즈

01 기본정석으로 강자가 되어라

272쪽 | 목진석 감수 · 백재욱 지음

귀의 화점과 소목에서 기본적이고 중요한 변화를 익힌다면 정석을 거의 마스터했다고 봐도 좋다. 그러므로 바둑에 강해지려면 화점과 소목의 기본정석을 마스터하라!

02 기본포석으로 승자가 되어라

276쪽 | 목진석 감수 · 백재욱 지음

최근의 포석은 처음부터 공간 전체를 활용하는 발상이 트렌드다. 그 과정에서 치열한 전투가 일어나기도 한다. 그럴수록 기본에 바탕을 둔 포석 감각을 익혀라. 그것이 안전하게 이기는 길이다.

03 기본행마로 감각을 키워라

276쪽 | 목진석 감수 · 이하림 지음

바둑은 효율이다. 효율적인 바둑을 두려면 부분적인 모양에서의 행마의 길과 쓰임새, 전체적인 안목에서의 급소와 행마법을 익혀야 한다. 이런 행마의 감각을 키워 실전에서 적절히 구사해보자.

04 기본전략으로 판을 지배하라

268쪽 | 목진석 감수 · 이하림 지음

정석은 주로 귀의 변화, 포석은 귀를 토대로 한 변의 변화가 핵심이라면, 전략은 중앙까지 염두에 둔 입체적 실전적 개념이다. 그야말로 야전(野戰)이다. 이제 야전의 세계로 들어가 보자.

05 기본사활로 수읽기에 강해져라

272쪽 | 목진석 감수 · 이하림 지음

전체 판을 주도하려면 부분전투에 능해야 하고 그런 능력을 키우려면 수읽기에 강해져야 한다. 사활은 그 첩경이다.

06 기본맥점으로 수보기에 강해져라

272쪽 | 목진석 감수 · 이하림 지음

바둑 한 판의 과정에는 다양한 맥이 숨어있다. 이런 맥을 찾는 학습으로 수를 빨리 보는 힘을 기르면 판의 급소를 읽으며 각종 전투에서 승리할 수 있다.

07 기본변칙수로 위기를 돌파하라

272쪽 | 목진석 감수 · 이하림 지음

바둑은 정석대로만 두어서는 이길 수 없다. 그 과정에는 온갖 변칙적인 수법이 도사리고 있다. 이런 위기를 극복하고 살아남으려면 불의의 변칙수를 응징하고 때로는 상황에 맞는 정의의 변칙수를 구사해 어려운 판세를 돌파해야 한다.

08 기본끝내기로 판을 뒤집어라

272쪽 | 목진석 감수 · 이하림 지음

바둑은 마라톤과 같아서 단번에 승부가 나지 않는다. 종반 역전의 짜릿함을 맛보려면 불리한 국면이라도 무모한 행동을 삼가며 때를 기다리는 인내심이 필요하다. 그런 절대 기회가 생겼을 때 끝내기의 묘미로 판을 뒤집어보자.

왕초보 바둑 배우기 시리즈

왕초보 바둑 배우기 1. 입문하기
238쪽 | 조창삼 지음
바둑을 처음 접하는 분들이 배워야 할 규칙과 기본 기술을 이해하기 편한 대화 형식으로 거침없이 풀었다.
1권을 마치면 누구랑 두어도 당당할 것이다

왕초보 바둑 배우기 2. 완성하기
236쪽 | 조창삼 지음
'입문하기 편'을 마친 분들이 배워야 할 부분 기술과 행마를 이해하기 편한 대화 형식으로 거침없이 풀었다. 2권을 마치면 부분 전투에 자신이 붙어 바둑의 묘미를 느낄 것이다.

왕초보 바둑 배우기 3. 대국하기
240쪽 | 조창삼 지음
'완성하기 편'을 마친 분들이 배워야 할 초반의 포석, 중반의 전투, 종반의 끝내기 등 바둑의 한 판 과정에서 필요한 핵심 기술을 초심자의 눈높이에서 보여준다.

| AI 최강 바둑 시리즈 |

최강 입문

인공지능 바둑시대 원리를 알고 파헤쳐 단숨에 바둑 두기! 초급자도 생각의 틀을 잡는 필독 입문서!

01 규칙편 264쪽 | 이하림 지음 · 진동규 감수

02 기술편 264쪽 | 이하림 지음 · 진동규 감수

최강 정석

인공지능 바둑시대 정석에서 진화된 수법 총정리! 혁신적인 AI의 안목으로 고정관념을 깨라!

01 화점 기본편 320쪽 | 이하림 지음 · 김일환 감수

02 화점 협공편 276쪽 | 이하림 지음 · 김일환 감수

03 소목 정석편 304쪽 | 이하림 지음 · 김일환 감수

최강 포석

인공지능 바둑시대 포석에서 진화된 수법 총정리! 혁신적인 AI의 안목으로 고정관념을 깨라!

01 화점 포석편 320쪽 | 이하림 지음 · 김일환 감수

02 소목 포석편 320쪽 | 이하림 지음 · 김일환 감수

최강 전투

인공지능 바둑시대 국면을 주도하는 능률적 전투 요령! 혁신적인 AI의 안목으로 고정관념을 깨라!

280쪽 | 이하림 지음 · 김일환 감수

| AI 바둑 핸드북 시리즈 |

바둑 입문

원리를 알고 파헤쳐 단숨에 바둑 두기!

화점 정석

AI시대 정석에서 진화된 수법 총정리!

소목 정석

AI시대 정석에서 진화된 수법 총정리!